Abhandlungen zur Philosophie, Psychologie und Pädagogik, Band 194

# Sprache und Bildung im Werk Theodor Litts

von Wolfgang K. Schulz

1984

Bouvier Verlag Herbert Grundmann · Bonn

CIP-Kurztitelaufnahme der Deutschen Bibliothek
SCHULZ, WOLFGANG, K.:
Sprache und Bildung im Werk Theodor Litts / von Wolfgang K. Schulz. — Bonn: Bouvier, 1984.
(Abhandlungen zur Philosophie, Psychologie und Pädagogik; Bd. 194)
NE: GT

ISB N 3-416-01789-7

ISS N 0065-0366


Druck und Einband: Druckerei Plump, Rheinbreitbach. Umschlagentwurf: Anna Braungart. Der Abb. auf dem Umschlag liegt eine Fotografie zugrunde, die Herr Dr. Rudolf Litt, Düsseldorf, freundlicherweise zur Verfügung stellte.

# VORWORT

Während meines Studiums an der Pädagogischen Hochschule Rheinland, Abteilung Neuss, und danach in der Zeit meiner Tätigkeit am Deutschen Institut für Fernstudien an der Universität Tübingen (DIFF) habe ich mich unter verschiedenen Aspekten mit dem philosophischen und pädagogischen Werk von Theodor Litt beschäftigt.

Daraus ist die vorliegende Arbeit entstanden. Sie wurde 1983 von der Philosophischen Fakultät der Universität Düsseldorf als Dissertation angenommen. Gutachter waren die Herren Prof. Dr. Friedhelm Nicolin (Universität Düsseldorf) und Prof. Dr. Rudolf Lassahn (Universität Bonn). Das Rigorosum fand am 11. Juli 1983 statt.
Die Arbeit wurde für den Druck an einigen Stellen geringfügig geändert.

Tübingen, 23. Januar 1984

Wolfgang K. Schulz

INHALT

# 1 EINLEITUNG

Das Verhältnis von Sprache und Bildung wird von Litt in zweifacher Weise erörtert. Einerseits verdeutlicht er alle von ihm behandelten philosophischen und pädagogischen Fragestellungen am Beispiel der Sprache. Andererseits greift er in vielen seiner Schriften sprachphilosophische Ansätze auf und entwickelt sie thematisch weiter. Hierbei ist allerdings zu berücksichtigen, daß Litt kein abgeschlossenes System einer pädagogischen Theorie vorlegt, sondern - wie Lassahn in seiner Arbeit *Das Selbstverständnis der Pädagogik Theodor Litts* feststellt - "Grundlinien einer wissenschaftlichen Pädagogik" entwickelt, die immer wieder neu formuliert und an jeweils aktuellen Problemen entfaltet werden (1). Ein adäquater Zugang zum Werk Litts ist daher nur mit Hilfe einer entwicklungsgeschichtlichen Fragestellung möglich. Demgemäß stellen sich vor der eigentlichen Untersuchung zwei Aufgaben. Zunächst ist es erforderlich, einen Aufriß der Entwicklungsgeschichte des Littschen Denkens zu geben, wobei die bereits vorliegenden Periodisierungsversuche berücksichtigt werden müssen. Sodann ist auf die Ergebnisse der Forschungsliteratur zum Thema Sprache und Bildung bei Litt einzugehen, um diese Untersuchung in die Sekundärliteratur einordnen zu können.

## 1.1 ZUR ENTWICKLUNGSGESCHICHTE DES WERKES VON THEODOR LITT

Als erste Arbeit, die den entwicklungsgeschichtlichen Aspekt explizit aufnimmt, läßt sich die Dissertation von Roth *Das Gesetz der Sache als anthropologisches Prinzip der Pädagogik - Eine Untersuchung über den Bildungsbegriff Theodor Litts* nennen (2). Roth behandelt den Sachbegriff als methodologisch-wissenschaftstheoretisches, als anthropologisches und als pädagogisches Problem. Auf den entwicklungsgeschichtlichen Zusammenhang geht Roth allerdings nur bei seinen Ausführungen über wissenschaftstheoretische Fragestellungen ein (3). Er stellt sich dabei die Aufgabe, "aus den früheren Werken Litts diejenigen Erkenntnisse, in denen er ... Prinzipien und methodisches Rüstzeug für seine Theorie gewann, genetisch" zu entfalten (4). Roth sieht die methodologische Entwicklung Litts durch drei Phasen bestimmt: die "gegenständlich gerichtete 'Wesensschau'", "die auf einfache Reflexion beschränkte dialektische Phänomenologie" und die "phänomenologisch orientierte kritische Dialektik der vollendeten 'Einwärtsbewegung'" (5). Für die Stufe der Phänomenologie stützt Roth seine Interpretation vor allem auf die 3. Auflage von *Individuum und Gemeinschaft* (1926) und auf die Erörterung dieses Buches, die S. Marck in seiner Schrift *Die Dialektik in der Philosophie der Gegenwart* (1931) gegeben hat (6). Für die weitere, zur schärferen Herausarbeitung der eigentlich dialektischen Position führende methodologische Klärung sind Roth die Werke *Kant und Herder als Deuter der geistigen Welt* (1930) und *Das Allgemeine im Aufbau der geisteswissenschaftlichen Erkenntnis* (1941) bedeutsam, während er in *Denken und Sein* (1948) und *Mensch und Welt* (1948) die Vollendung von Litts systematischem Denken sieht (7).

Beschränkt sich Roth auf den methodologischen Bereich, so basiert die Arbeit von Schlemper *Reflexion und Gestaltungswille - Bildungstheorie, Bildungskritik und Bildungspolitik im Werke von Theodor Litt* insgesamt auf einer entwicklungsgeschichtlichen Strukturierung des Littschen Werkes. Schlemper unterscheidet zwei Entwicklungsphasen der Bildungstheorie: die "Bildungstheorie der Kulturphilosophie" (8) und die "Bildungstheorie der Anthropologie" (9). Die erste finde ihre Ausprägung in den Werken, die Litt nach dem 1. Weltkrieg veröffentlicht hat, die zweite trete nach dem 2. Weltkrieg hervor. Dabei übersieht Schlemper nicht, daß die Littsche Anthropologie, an der er "geradezu existenzphilosophische Züge" hervorhebt, bereits in den Schriften um 1940 zur Entfaltung gelangt; auch das erst 1948 erschienene Hauptwerk *Mensch und Welt* ist ja schon damals von Litt niedergeschrieben worden. Schlemper verweist außerdem auf die Entwicklung, die Litt in methodischer Hinsicht durchläuft. Hier bezeichnet er als Wendepunkt die 1933 erschienene *Einleitung in die Philosophie*, in der Litt die zu einem "Ontologismus" hinführende Phänomenologie kritisiere und selbst "vom phänomenologisch-dialektischen Philosophieren zur reinen Dialektik" fortschreite (10).

Auch Lassahn läßt in seiner schon erwähnten Schrift über *Das Selbstverständnis der Pädagogik Theodor Litts* erkennen, daß er von zwei Perioden in Litts denkerischer Entwicklung ausgeht. Dem Thema seiner Arbeit gemäß, konzentriert er sich - wie Roth - auf die wissenschaftstheoretisch-methodologischen

Erörterungen Litts. In den Werken bis 1933, so betont er, bediene sich Litt der Begrifflichkeit der auf Dilthey zurückgehenden Strukturlehre (11). In detaillierter Analyse zeigt er, daß und wie Litt mit der von ihm als geisteswissenschaftliche Prinzipienwissenschaft entworfenen Strukturtheorie die Methoden der Phänomenologie und Dialektik verbindet (12). Später habe sich Litt dann immer stärker von der Phänomenologie als Methode distanziert. Ausdrücklich falle die Entscheidung für die Dialektik seit *Mensch und Welt*, wo sich Litt mit den phänomenologischen Methoden N. Hartmanns und M. Heideggers auseinandersetze (13).

Anders als Lassahn scheint Derbolav in seiner Abhandlung *Theodor Litt - Person und Gedanke* drei Perioden anzunehmen. Er hebt hervor, daß Litts Anfänge inhaltlich und methodisch durch Anregungen der geisteswissenschaftlich-lebensphilosophischen Schule bestimmt sind (14). Dann werde Litt von seinem Problembewußtsein nach zwei Richtungen weitergedrängt: einerseits zum Anschluß an die neukantianische Geltungsreflexion, andererseits zur Übernahme der phänomenologischen Methode. Schließlich aber habe er diese Ansätze überholt durch seine Systematik der dialektischen "Selbstaufstufung des Geistes" (15). Derbolav verdeutlicht den ersten Teil dieser philosophischen Entwicklung an dem Fortschritt von der 1. bis zur 3. Auflage von *Individuum und Gemeinschaft* (16). Mit der unter Einfluß von Hönigswald und J. Cohn stehenden ersten Neubearbeitung dieses Werkes ergibt sich ein Einschnitt um 1923/24. Die zweite Periode reicht nach Derbolavs Darstellung bis etwa 1930. Er sieht die Systematik Litts in dessen *Einleitung in die Philosophie* (1933) voll entwickelt, aber sie sei "schon einige Jahre früher in der Auseinandersetzung mit Kant und Herder bewährt worden" (17).

Ritzel geht in der Litt-Darstellung im Rahmen seines Buches *Philosophie und Pädagogik im 20. Jahrhundert* wiederum von "zwei Hauptphasen in der Genese seines Denkens" aus (18). Dabei richtet er, seinem übergeordnetem Thema gemäß, sein Interesse vor allem auf das Verhältnis von Philosophie und Pädagogik innerhalb des Littschen Gesamtwerks. Nach Ritzels Unterscheidung stand Litts Philosophieren "während der ersten Phase im Dienst seiner Erneuerung der Pädagogik - in der zweiten kam es diesem zugute, ohne auf sie verpflichtet zu sein" (19). Die zweite

Phase beginnt nach Ritzels Auffassung 1938, "wenn nicht früher" (20). Das erste ihr zugehörende Werk sieht er in der Schrift *Die Selbsterkenntnis des Menschen* (1942), die er als Beitrag zur Philosophischen Anthropologie charakterisiert. Ritzel verweist auch auf die nun von Litt geübte Kritik an seiner eigenen früheren Position. Dieser Selbstrevision zufolge sei die erste Phase Litts durch den Versuch gekennzeichnet, "eine phänomenologische Grundlegung der Geisteswissenschaften" - und damit auch der Pädagogik - zu entwickeln (21). Ritzel bezieht dies u.a. auf das Buch *Geschichte und Leben* (2. Aufl. 1925). Nach Litts späterer Einsicht habe die Phänomenologie "das Wechselverhältnis von Apriorität und Aposteriorität" nicht angemessen erfassen können, weshalb er bei diesem Ansatz nicht habe stehen bleiben können. Ritzels eingehende Erörterung der philosophischen Hauptschriften Litts nach 1938, aber auch der späteren gegenwartsanalytischen und bildungstheoretischen Stellungnahmen macht die dialektische Denkhaltung, die Litt hier einnimmt, deutlich.

Nicolin, der die ein zentrales Problem des Littschen Denkens behandelnde Schrift *Das Allgemeine im Aufbau der geisteswissenschaftlichen Erkenntnis* neuerdings ediert hat, macht bei der Einordnung dieser Abhandlung in das Gesamtwerk Litts ebenfalls entwicklungsgeschichtliche Aussagen, ohne jedoch eine genau abgrenzende Periodisierung vorzunehmen. Auch hier deutet sich eine Einteilung in zwei Phasen an. Wichtig erscheint Nicolin der Hinweis auf die durchgreifende "Klärung der wissenschaftlichen Grundauffassungen", die Litt "bis etwa zur Mitte der zwanziger Jahre" vollzog, indem er Motive der Lebensphilosophie, des Neukantianismus und der Phänomenologie verarbeitete und sich schließlich, unter dem Einfluß seiner Aneignung Hegels, dem dialektischen Denken zuwandte (22). Als Hauptwerk der "'frühen' Arbeitsperiode Litts" wird die 3. Auflage der kulturphilosophischen Schrift *Individuum und Gemeinschaft* bezeichnet. Nicolin betont dann die Bedeutung, die das Buch *Kant und Herder als Deuter der geistigen Welt* für die "Selbstvergewisserung" Litts gehabt habe (23, ohne dies allerdings entwicklungsgeschichtlich zu konkretisieren. Weiterhin zieht Nicolin eine Verbindungslinie von der Abhandlung *Das Allgemeine im Aufbau der geisteswissenschaftlichen Erkenntnis* "zu den beiden Hauptwerken der späten Periode", der philosophischen Anthropologie *Mensch und Welt* und der wissenschaftstheoretischen Untersuchung *Denken und Sein* (24).

Die hier skizzierten Ansätze zu einer entwicklungsgeschichtlichen Interpretation des Littschen Werkes weisen Unterschiede auf, die sich aus den verschiedenen Fragestellungen ergeben, welche die Autoren verfolgen. Nimmt man sie zusammenfassend in den Blick, so zeigen sich einige übereinstimmende oder doch konvergierende Grundannahmen, die es erlauben, für die folgende Untersuchung von einer Einteilung des Littschen Gesamtwerkes in drei Perioden auszugehen.

Die erste Periode umfaßt den Zeitraum von 1916-1923. In dieser Zeit entstehen in Auseinandersetzung mit der Lebensphilosophie, der Phänomenologie sowie der Geschichts- und Kulturtheorie die ersten Werke Litts. Hierbei geht es ihm einerseits darum, die Strukturtheorie Diltheys mit Hilfe der rekonstruktiven Analyse Natorps und der phänomenologischen Bewußtseinsanalyse Husserls weiterzuentwickeln, um zu einer erkenntnistheoretischen Begründung der Pädagogik als Geisteswissenschaft zu gelangen. In diesem Sinne betont Litt in seinem 1923 erscheinenden Werk *Erkenntnis und Leben*, daß seine Abhandlung *Die Methodik des pädagogischen Denkens*, die von ihm bereits 1921 veröffentlicht wird, den "Wissenschaftscharakter der Pädagogik mit Hilfe rein strukturtheoretischer Analyse zu bestimmen sucht" (25). Andererseits geht es ihm um die kulturphilosophische Ausrichtung der pädagogischen Theorie. Deutlich wird dieses Bemühen von Litt in seiner 1921 veröffentlichten "Skizze" *Pädagogik* hervorgehoben. Dort betont er, daß sein Pädagogikansatz auf einer Kulturphilosophie basiere, die er in Auseinandersetzung mit Dilthey und Rickert sowie mit Simmel, Troeltsch und Spranger entwickelt habe (26)

Diesen Ansatz revidiert Litt in seinen nachfolgenden Werken. Im Unterschied zu seinen frühen Schriften, in denen er die Geisteswissenschaften und damit auch die Pädagogik transzendentallogisch fundiert, entfaltet er jetzt, bedingt durch die vertiefte Auseinandersetzung mit Husserl und dem Neuhegelianismus, eine dialektisch-phänomenologische Position. In einer ersten Form wird dieser Ansatz von ihm in der 2. Auflage von *Individuum und Gemeinschaft* (1924) umrissen, die nachfolgenden Schriften präzisierren ihn. Zu dieser zweiten Periode ist auch die 1933 zuerst veröffentlichte *Einleitung in die Philosophie*

zu zählen. Litt greift dort zwar explizit auf die Geltungstheorie Hönigswalds und auf die kritische Dialektik von Lask zurück, nimmt also produktiv Fragestellungen des Neukantianusmus auf, die er bereits in seinen frühen Schriften thematisiert hat. Aber er ordnet diese Ansätze nun in seine dialektisch-phänomenologische Grundlegung der Erkenntnistheorie ein mit dem Hinweis, daß bei ihnen eine Orientierung auf dialektische und phänomenologische Betrachtungsweisen feststellbar sei. In diesem Sinne betont Litt im Vorwort dieses Werks, "seine eigene Position in der immer erneuten Auseinandersetzung mit folgenden Richtungen gewonnen und befestigt zu haben: Neukantianismus, Neuhegelianismus, Phänomenologie, Lebens- und Kulturphilosophie" (27). Zwar verwendet er in dieser Phase noch den Begriff "Strukturanalyse". Aber während er in seinen frühen Schriften die Strukturlehre unmittelbar auf die Wertlehre bezieht, um die Werthaftigkeit "der kulturellen Lebenszusammenhänge" bestimmen zu können (28), faßt er nun den Strukturbegriff als eine Beschreibungskategorie zur phänomenologischen Analyse der geistigen Wirklichkeit (29). Die Pädagogik sieht Litt dabei nicht nur als eine Form des objektiven Geistes in den Kulturzusammenhang der Gemeinschaft eingebettet, sondern er räumt ihr zugleich den Status einer relativen Autonomie ein. Das Verhältnis von Pädagogik und Kultur begreift Litt so im Sinne eines dialektischen Strukturzusammenhanges, den er auch als "funktionale Wechselbezogenheit" charakterisiert (30).
Die dritte Periode umfaßt den Zeitraum von 1934-1962. In dieser Phase entwickelt Litt diejenigen philosophischen und pädagogischen Ansätze, welche er in seiner zweiten Periode verfaßt hat, systematisch weiter, ohne jedoch die phänomenologische Fragestellung fortan zu berücksichtigen. Vielmehr sieht er jetzt, entscheidend bestimmt durch die kritische Auseinandersetzung mit Hegel, die wissenschaftstheoretische Grundlage seiner philosophischen und pädagogischen Theoriekonzeptionen nur noch in der Dialektik. Diese Entwicklung zeichnet sich bereits in der 1935 veröffentlichten Abhandlung *Philosophie und Zeitgeist* ab, in der Litt einige Aspekte der Dialektik Hegels behandelt und deren Bedeutung für die Grundlegung der Erkenntnistheorie aufzuzeigen versucht (31). Endgültig vollzogen wird diese Wendung von ihm in dem zwar schon 1939 fertiggestellten, aber erst 1948 veröffentlichten Werk *Mensch und Welt*. Dort betont Litt: "Die in diesem Buch vereinigten Untersuchungen sind die Fortführung

von Gedanken, die ich vor allem in folgenden Büchern entwickelt habe: *Individuum und Gemeinschaft* (nur in dritter Auflage heranzuziehen ...), *Kant und Herder als Deuter der geistigen Welt* (2. Aufl., Heidelberg 1949). ... In dem an erster Stelle genannten Buche habe ich, was seine methodische Haltung angeht, phänomenologisches und dialektisches Denken zu vereinigen gesucht. Seitdem hat mich die wiederholte Beschäftigung mit den gleichen Fragen immer mehr in der Überzeugung bestärkt, daß die Entscheidung zugunsten des dialektischen Denkens durch die Probleme selbst gefordert ist. Damit soll nicht verkleinert werden, was die Phänomenologie tatsächlich zur Wegräumung herrschender Vorurteile und zur Erhellung der Problemsituation getan hat. Aber es scheint mir unbestreitbar, daß gerade ihre wesentlichsten Einsichten erst dann ein tragfähiges Fundament erhalten, wenn sie aus dem Bereich des auf seine Evidenz vertrauenden 'Schauens' in die Dimension eines sich selbst methodisch kontrollierenden 'Begreifens' verpflanzt werden" (32).

Mit dieser Einteilung des Littschen Gesamtwerks in drei Perioden ist jedoch keine starr schematisch verlaufende Entwicklung gemeint. Zwar verändert Litt im Laufe seiner theoretischen Entwicklung mehrfach seine leitenden Fragestellungen und Positionen. Aber dies hat nicht zur Folge, daß er alle Abhandlungen und Detailuntersuchungen, die er in einem frühen Stadium verfaßte, von einem später gewonnenen Standpunkt aus widerrufen oder abgelehnt hätte. Vielmehr werden die zentralen Schriften teilweise modifiziert und wiederveröffentlicht oder in neue Ansätze einbezogen. Dies sei durch einige Beispiele verdeutlicht. Mit der 1924 erscheinenden 2. Auflage von *Individuum und Gemeinschaft* legt Litt eine völlig neu konzipierte Fassung seines kulturphilosophischen Werks vor, da die 1. Auflage nicht mehr seinem Theorieverständnis entspricht (33). Dies bezieht er jedoch nicht auf einzelne Erörterungen von Kulturphänomenen. Vielmehr veröffentlicht Litt die dort publizierten Untersuchungen über "die zeitliche und numerische Ausdehnung der Gemeinschaft" sowie über "Familie", "Sprache" und "Volk" in teilweise erweiterter Fassung in der ebenfalls neu konzipierten 2. Auflage von *Geschichte und Leben*. Ähnliches trifft auf seine Abhandlung *Die Methodik des pädagogischen Denkens* zu. 1931 gibt Litt diese Untersuchung unter Weglassung des letzten Abschnittes mit dem veränderten Titel *Das Wesen des pädagogischen Den-*

*kens* im Anhang der 3. durchgesehenen Auflage von *Führen oder Wachsenlassen* heraus. Diese Untersuchung erscheint in dieser Form auch in der Zeit, die hier als dritte Periode im Littschen Werk erfaßt wird, ohne daß er sich durch seinen nochmals geänderten erkenntnistheoretischen Standpunkt zu einer weiteren Überarbeitung genötigt sieht. Dies gilt auch für die Schriften, welche Litt in seiner späten Periode verfaßt. So arbeitet er in seinem geistesphilosophischen Werk *Mensch und Welt* wesentliche Passagen aus der 3. Auflage von *Individuum und Gemeinschaft* ein, wie z.B. über "die 'Selbigkeit' der Ausdrucksbewegung", "Liebe und Haß", "Anlage und Umwelt" und "die soziale Verschränkung", ohne den Kern des Aussagengehalts zu verändern.
Einige wichtige Bücher, die Litt in der zweiten Periode verfaßt hat, läßt er unverändert in seiner späten Arbeitsphase wieder erscheinen. So versieht er die 2. Auflage von *Kant und Herder als Deuter der geistigen Welt* (1949) lediglich mit leichten Verbesserungen, ohne jedoch die Konzeption dieses Werks zu berühren. Und auch die Gesamtanlage seiner *Einleitung in die Philosophie* erfährt in der 1949 veröffentlichten 2. Auflage keine wesentliche Veränderung. Umso beachtenswerter ist es, daß Litt sein Werk *Individuum und Gemeinschaft* nach dem 2. Weltkrieg nicht erneut publizierte, worüber Nicolin aufschlußreiche Mitteilungen gemacht hat (34).

Charakteristisch für das Gesamtwerk Litts ist die Tatsache, daß er über die verschiedenen Perioden hinweg immer wieder die gleichen Problembereiche thematisiert und sie mit jeweils veränderter Fragestellung erneut untersucht. Diesen Aspekt betont er insbesondere in seiner 1947 erscheinenden Untersuchung *Wege und Irrwege geschichtlichen Denkens*. Dort weist Litt darauf hin, daß die von ihm behandelten Probleme des geschichtlichen Bewußtseins seit seinem 1918 zuerst erschienenen Werk *Geschichte und Leben* Gegenstand seiner philosophischen und pädagogischen Forschungen gewesen seien (35). Ähnliches trifft für den Problemzusammenhang der politischen Bildung zu. Bereits 1919 behandelt Litt in seinem Aufsatz *Staatsbürgerliche Erziehung* diese Fragestellung unter strukturtheoretischer Sicht. In der Folgezeit erörtert er diese Problemstellung mit Hilfe einer phänomenologischen Betrachtungsweise, um zu einer philosophischen Klärung der Möglichkeiten und Grenzen politischer Bildung zu gelangen. Und auch in seinen späten Schriften greift

er Fragen der politischen Erziehung auf, wobei er von einer geistesphilosophisch begründeten anthropologischen Analyse der ideologischen und politischen Systeme des demokratischen Parlamentarismus und der totalitären Diktatur ausgeht (36).
Auch für das Verhältnis von Sprache und Bildung läßt sich ein solcher durchgehender Problemzusammenhang im Werk Litts aufzeigen. So geht Litt bereits in der 1. Auflage von *Individuum und Gemeinschaft* auf individualisierende und sozialisierende Funktionen der Sprache ein und zieht daraus Konsequenzen für die Bestimmung von Pädagogik und Kultur. In der Folgezeit vertieft er diese Untersuchungen, indem er eine phänomenologische Strukturanalyse des dialogischen Charakters der Sprache vornimmt und deren Bedeutung für die Erziehungs- und Bildungstheorie eingehend reflektiert. In den Werken seiner späten Periode greift Litt ebenfalls auf diese Erkenntnisse zurück, wobei er einerseits geistesphilosophisch-anthropologische Ansätze verfolgt, um den Geistcharakter der Sprache zu ermitteln, und andererseits das Problem von Naturwissenschaft, Technik und Menschenbildung in den Mittelpunkt stellt.

## 1.2 FORSCHUNGSLITERATUR ZUM THEMA SPRACHE UND BILDUNG

Als erste Arbeit, die das Verhältnis von Sprache und Bildung bei Litt erörtert, läßt sich die 1927 erschienene Dissertation *Kulturpädagogik und Sozialpädagogik bei Kerschensteiner, Spranger und Litt* nennen (37). Allerdings behandelt Vanselow nur den kulturphilosophischen Aspekt der Sprachphilosophie Litts. Hierbei geht Vanselow vom Verhältnis zwischen Individuum und Gemeinschaft aus. Dieses Verhältnis sieht Vanselow bei Litt im Strukturzusammenhang von Sinngehalt und sinnlicher Form begründet (38). Ihn erkennt Vanselow an den Vollzug von Akten der Kundgabe und des Verstehens gebunden. Hierbei hebt Vanselow den Symbolcharakter der Sprache hervor, in dem Litt eine gemeinschaftsbildende Funktion sehe (39). In dieser gemeinschaftsbildenden Funktion der Sprache findet Vanselow die bildungstheoretische Relevanz der Kulturphilosophie Litts begründet. Vanselow weist darauf hin, Litt begreife sowohl in inhaltlicher als auch in methodischer Sicht den Erziehungs- und Bildungsprozeß als symbolisch vermittelten Interaktionsprozeß zwischen Erzieher und Zögling, der durch die Akte der Kundgabe und des Verstehens realisiert werde

(40). Jedoch beschränkt Vanselow die bildungstheoretische Relevanz der Sprache bei Litt nicht auf die Persönlichkeitsbildung, sondern erkennt darin auch ein gewisses "sozial-pädagogisches" Moment. Nach Litt werde dieser Aspekt in der Sprachreflexion im Unterricht realisiert, da Litt in diesem Bereich die grundsätzliche Möglichkeit der sozialen Integration des Zöglings sehe (41).

In ähnlicher Weise erfaßt Pixberg die bildungstheoretische Relevanz der Sprachphilosophie Litts (42). Pixberg bezieht sich auf die sprachphilosophischen und -didaktischen Ansätze, welche Litt in der 2., teilweise umgearbeiteten und erweiterten Auflage von *Geschichte und Leben* entwickelt (43). Die Sprachauffassung Litts erkennt Pixberg durch ein Verständnis von Sprache als Form des objektiven Geistes bestimmt. Aber dies begreift Pixberg nicht im Sinne einer Reduktion der individuellen Sprachgestaltung, sondern er betont, Litt kennzeichne die Sprache sowohl durch ein subjektives als auch durch ein objektives Moment. Die Bedeutung, die Litt der Sprache für den Bildungsprozeß einräume, sieht er daher in der bildungstheoretischen Zielsetzung, den Zögling zu befähigen, sich individuell sprachlich auszudrücken, um ihm in der Auseinandersetzung mit dem objektiven Charakter der Sprache den Kulturzusammenhang seiner Gemeinschaft zu erschließen (44).

Den gleichen kulturphilosophischen Aspekt der Littschen Sprachphilosophie erfassen S. Marck in seiner Untersuchung *Die Dialektik in der Philosophie der Gegenwart* und R. Barth in seiner Abhandlung *Das methodische Problem und das Problem der "Grenze" in der gegenwärtigen pädagogischen Literatur* (45).

Gegenüber diesen Untersuchungen des kulturphilosophischen Aspekts der Sprachphilosophie Litts erörtert Reble erkenntnistheoretische Fragestellungen. Reble bezieht sich hierbei auf das erkenntnis- und wissenschaftstheoretische Werk *Wissenschaft, Bildung, Weltanschauung*, das Litt in seiner zweiten Periode verfaßt hat (46). Den erkenntnistheoretischen Aspekt seiner Sprachphilosophie entfalte Litt im Zusammenhang mit der Erörterung der sprachlichen Dimension wissenschaftlicher Erkenntnis. Diese Dimension manifestiere sich nach Litt sowohl in der naturwissenschaftlichen als auch in der geisteswissenschaftlichen Fachsprache. Die naturwissenschaftliche Fachsprache bei Litt bezeichnet Reble als ein mathematisches Begriffssystem, das durch die Tendenz bestimmt werde, jeden umgangssprachlichen Bedeutungszusammenhang auszuschalten (47). Gegenüber dieser formalisierten Objektsprache erfaßt Reble die geisteswissenschaftliche Fachsprache bei Litt als an die Umgangssprache gebunden (48).

Einen weiteren Aspekt der Littschen Sprachphilosophie behandelt Rahn (49). Er versucht, einen Zusammenhang zwischen den von Litt in der zweiten und dritten Periode entwickelten sprachphilosophischen Ansätzen und der Didaktik des Schreibunterrichts herzustellen. Bei diesem Versuch stützt sich Rahn auf Litts These, das Denken könne erst dann eine bestimmte Stufe überwinden, wenn es deren Möglichkeiten, aber auch deren Grenzen erprobt habe. Rahn bezieht diese Annahme "ganz allgemein" auf "das wissenschaftliche Erkennen", auf das "bildhafte Gestalten" und auf "das 'Schreiben'" (50). Aus dieser Interpretation leitet Rahn eine zweifache Forderung ab. Einerseits betont Rahn, die Sprachwissenschaft müsse darauf ausgerichtet sein, "den Stufenweg der Schreibentwicklung zu erforschen" (51). Andererseits hebt Rahn hervor, "Aufgabe der 'Schreiberziehung'" sei es, "dem Heranwachsenden die Möglichkeiten jeder Vorstufe des Schreibens 'wenigstens grundsätzlich erproben' zu lassen" (52). Einen solchen didaktischen Ansatz findet Rahn in der Littschen Interpretation der Zeichensprache, die dieser in seinen Spätschriften entwickelt habe. Zu der Zeichensprache im Sinne Litts zählt er auch die Schriftsprache. Sie sei sowohl durch einen "Gegenstandsbezug" als auch durch einen "Zeichenbezug" gekennzeichnet. Aus dieser zweifachen Bestimmung der Zeichensprache folgert Rahn, daß "im Schreibunterricht zuerst sprachlich benannte Gegenstände als Zeichen für Gegenstände verwendet werden" sollten und "später sprachlich benannte Bilder, mit denen die gemeinten Gegenstände bezeichnet - gezeichnet werden" (53). Diesen "Stufenwechsel im Schriftsprachlichen" beschreibt Rahn in Anlehnung an Litt als "die Selbstaufstufung von Sprache und Schrift" (54). Rahn begründet dies mit dem Verweis, daß ebenso, "wie sich die 'sichtbaren' Zeichen - der Gegenstand und das Bild - zunehmend von der zeichenhaft begriffenen Wirklichkeit absetzen" würden, "auch das 'hörbare' Zeichen - das gesprochene Wort - zunehmend von dem Erlebnisganzen" des Individuums abgehoben werde, "ohne deshalb die ursprüngliche Verbundenheit völlig zu verlieren" (55). Den Stufenwechsel begreift Rahn in allgemein historischer Sicht und bezüglich des individuellen Spracherwerbs als das entscheidende genetische Strukturprinzip der Sprache. Aus dieser entwicklungsgeschichtlichen Auffassung leitet Rahn verschiedene didaktische Maximen für den Lese- und Schreibunterricht ab, mit denen er den Sprachlernprozeß des Kindes als genetischen Entwicklungsprozeß zu bestimmen sucht (56).

Die von Litt in seinem Spätwerk entwickelte Sprachphilosophie wird allerdings unter primär philosophisch-anthropologischer Sicht ebenfalls von Daniels behandelt, wobei sich der Autor vor allem auf die Geistesphilosophie stützt, welche Litt in seinem Werk *Mensch und Welt* entfaltet hat (57). Die dort implizit entwickelte Sprachphilosophie sei durch fünf sich gegenseitig ergänzende thematische Schwerpunkte gekennzeichnet. Den ersten Aspekt umschreibt Daniels mit dem Begriff der "Ganzheit des menschlichen Seins" (58). Diese anthropologische Bestimmung des Menschen begründe Litt mit der Fähigkeit, zu sich Ich sagen zu können, d.h. die äußeren Erfahrungen auf sich selbst zu beziehen und das eigene Handeln zu gestalten. Dieses Moment werde bei Litt durch das der Unganzheit des Menschen ergänzt. Darunter sei vor allem die Gebundenheit des Einzelnen an seine Gemeinschaft zu verstehen. Diese Angewiesenheit manifestiere sich nach Litt in der Ich-Du-Beziehung, im Verhältnis von Individuum und Gemeinschaft und in dessen Beziehungen zu seiner Umwelt. In allen diesen Beziehungen erscheine die Sprache als Voraussetzung und als Medium der Selbstwerdung des Individuums. Unter Sprache verstehe Litt dabei ein zeitüberdauerndes Gefüge sinnlich fixierter Bedeutungen, welche die Sprachgemeinschaft im Zuge ihrer historischen Entwicklung ausforme. Litt differenziere die Sprache weiterhin als formalisierte Zeichensprache der Sachwissenschaften und als lebendige Umgangssprache. Diese Unterscheidung sei bei Litt in der Verschiedenheit menschlichen Handelns begründet, das sowohl auf die Versachlichung von Natureindrücken mit Hilfe der Zeichensprache als auch auf die Fortentwicklung der Naturerlebnisse in der Umgangssprache abzielen könne (60). Sprache erfasse Litt jedoch nicht nur als Manifestation der Unganzheit menschlichen Seins, sondern sehe in ihr auch ein gefährdendes Moment für den Einzelnen, da er von der Sprache keine Normen für richtiges oder falsches Handeln bekomme (61). Als weiteren Aspekt der Sprachphilosophie Litts erfaßt Daniels das Moment der "Selbsterhellung der Sprache", das Litt im Sinne einer Aufstufung behandle (62). Mit dieser Begrifflichkeit erfasse Litt den Tatbestand, daß die Sprache nicht nur als Einzelsprache auftrete, sondern auch diesen einzelsprachlichen Charakter reflektieren könne, wobei sich darin eine Bewegung ausdrücke, die erst dann abgeschlossen sei, wenn das Resultat der "Selbsterhellung zum Gegenstand ihrer Aussage wird" (63). Als letzten Aspekt der Sprachphilosophie Litts behandelt Daniels das Moment der "Weltgewichtigkeit der Sprache" (64). Mit diesem Begriff verweise Litt darauf, daß erst durch die sprachliche Gestaltung von Natur- und Welterfahrungen die Welt eine geistig bestimmte Ordnung erhalte, welche zwar in ihr angelegt sei, aber nur in der Sprache gestaltet werden könne.

Den anthropologischen Aspekt der Sprachphilosophie Litts behandelt ebenfalls Schlemper, wobei er allerdings zwischen der frühen und späten Sprachphilosophie unterscheidet (65). Bei der Untersuchung der frühen Sprachphilosophie von Litt berücksichtigt Schlemper allerdings nur einige ausgewählte Werke Litts, die in der Zeit von 1926 bis 1933 entstehen (66). Die Littsche Sprachphilosophie erfaßt Schlemper dabei unter der Sicht einer "Reflexionsphilosophie", welche durch die "Methode" des "phänomenologisch-dialektischen Denken(s)" gekennzeichnet sei (67). Entsprechend dieser Fragestellung behandelt Schlemper das Sprachverständnis Litts am Beispiel des Zusammenhanges von Sprache und Denken. Schlemper betont, Litt erfasse das Denken grundsätzlich als sprachgebunden und sehe in der Sprache nicht ein bloß äußerlich bleibendes Ausdrucksmittel zur Artikulation intendierter Sinngehalte, sondern begreife die Sprache durch die Dialektik von Sinngehalt und symbolischer Form als sich gegenseitig bedingende Strukturmomente sowohl formal als auch inhaltlich bestimmt (68). Gegenüber dieser sprachanthropologischen Fragestellung behandelt Schlemper im Zusammenhang mit seiner Untersuchung der Spätschriften Litts das Verhältnis von "Zeichensprache" und "Umgangssprache" (69). Die Littsche Deutung der Zeichensprache interpretiert Schlemper im Sinne einer mathematisch-naturwissenschaftlichen Fachsprache, deren Funktion es sei, die Natur mit Hilfe mathematischer Begriffssysteme zu formalisieren (70). Der Zeichensprache bei Litt sieht Schlemper die Umgangssprache und die sich daraus entwickelte "Dichtersprache" gegenübergestellt. Diese drei Sprachformen begreife Litt als Ausdruck der Weltangewiesenheit des Menschen (71). In dieser Deutung erkennt Schlemper jedoch nur einen Aspekt der späten Sprachphilosophie Litts, der ergänzt werde durch das Moment der Weltgestaltung und "Weltbedeutung" des Menschen, das Litt ebenfalls in der Sprache manifestiert sehe (72).

Auch Lassahn behandelt in seiner Dissertation über die Pädagogik Litts sprachphilosophische Fragestellungen (73). Allerdings gilt sein Hauptinteresse erkenntnistheoretischen Problemen. Hierbei weist Lassahn darauf hin, daß Litt bereits schon in seinen Frühschriften diesen Problemzusammenhang behandle (74). In seiner Interpretation betont Lassahn den grundlegenden Charakter der Sprache für die phänomenologische Erkenntnis, die Litt nur insofern als möglich ansehe, als sie auf dem ungeformten "Erkenntnismaterial" basiere, das die Sprache der Erkenntnis zur Verfügung stelle (75). Dies bezieht Lassahn jedoch nicht nur auf die ideierende Abstraktion der Phänomenologie, sondern auch auf deren Gegenstände, die Wissenschaftsdisziplinen, welche Litt prinzipiell durch eine sprachliche Dimension bestimmt sehe. Die Aufgabe der Phänomenologie bei Litt besteht nach Lassahn darin, den sprachlichen Charakter der verschiedenen Wissenschaftsdisziplinen zu erfassen und die apriorischen Grundlagen wissenschaftlicher Erkenntnis zu thematisieren (76).

Auf einen weiteren erkenntnistheoretischen Aspekt der Sprachphilosophie Litts weist Derbolav hin (77). Er betont, Litt entfalte in seinem in der zweiten Periode verfaßten Werk *Kant und Herder als Deuter der geistigen Welt* einen Ansatz, welcher die Sprache sowohl durch das Moment der "Sinnaufstufung" als auch durch das der "Selbstreflexivität" bestimmt sehe (78), und thematisiert damit ein Problem, auf das bereits Daniels hingewiesen hat. Das Moment der Sinnaufstufung erkennt Derbolav darin begründet, daß Litt die Sprache in ihrer nationalsprachlichen Form nicht nur in ihrer Besonderheit, sondern zugleich auch in ihrer Allgemeinheit erfasse. Hierbei verweist Derbolav auf Litts Interpretation der Herderschen These über den individuellen Charakter der Muttersprache. Dort hebe Litt hervor, daß die Muttersprache immer auch einen allgemeinen Charakter besitze, der durch eine transzendentale Dimension gekennzeichnet sei. Dieses Moment der Sinnaufstufung vom Besonderen zum Allgemeinen werde nach Litt durch das Strukturprinzip der Selbstreflexivität ergänzt. Litt zufolge sei die Sprache nicht nur durch die Dialektik von Besonderem und Allgemeinem bestimmt, sondern werde zugleich durch die Fähigkeit gekennzeichnet, das dialektische Strukturprinzip als eigene apriorische Grundlage auszusprechen (79).

In einer anderen Weise versucht Funderburk die erkenntnistheoretische Dimension der Sprache bei Litt zu erfassen (80). Funderburk geht von einer Interpretation der erkenntnis- und wissenschaftstheoretischen Ansätze Litts aus. Diese Ansätze begreift er im Sinne eines geistesphilosophisch begründeten "aufgestuften Systems", das den menschlichen Erkenntnisprozeß in der Form einzelner "Erkenntnisstufen" beschreibe (81). Als erste Erkenntnisstufe erfaßt Funderburk das "Erlebnis". Unter diesem Begriff verstehe Litt sowohl eine ursprüngliche Erfahrung als auch ein darin enthaltenes unmittelbares Wissen von dem Erfahrenen (82). Eine Möglichkeit, dieses "Erleben" zu erfassen, sehe Litt in der Stufe des "Verstehens". Hierbei macht Funderburk darauf aufmerksam, daß Litt mit diesem Begriff verschiedene Funktionen benenne. Als erste Form des Verstehens bei Litt bezeichnet er die im alltäglichen Verstehen vermittelten Erfahrungen von Ich und Du sowie von Ich und Welt. Von dieser vorwissenschaftlichen Form grenzt Funderburk die zweite Form des Verstehens ab, die Litt in der Geisteswissenschaft und insbesondere in der Geschichtswissenschaft realisiert sehe. Beide Formen seien bei Litt im "Verstehen 'im prägnanten Sinne'", dem historischen Verstehen, dialektisch aufgehoben (83). Die Erkenntnisfunktion, die Litt dieser Verstehensform zuschreibe, bestehe darin, dem Individuum Erkenntnisse zu vermitteln, welche es in die Lage versetze, in konkreten historischen Situationen verantwortungsvoll Entscheidungen zu treffen (84). Während Funderburk das Verstehen bei Litt im Sinne einer individualisierenden Erkenntnisform interpretiert, ordnet er die Naturwissenschaften als die eigentliche "Stufe der wissenschaftlichen Erkenntnis" in das erkenntnistheoretische System Litts ein. Dies begründet Funderburk mit dem Hinweis, daß nach Litt "die Naturwissenschaft ... im Gegensatz zur Geschichtswissenschaft durchweg eine allgemeine und allgemeingültige Prädikation" intendiere (85). Aber auch mit dieser Erkenntnisstufe, zu der Funderburk sowohl die vergleichende, induktiv vorgehende als auch die mathematisch-experimentell ausgerichtete Naturwissenschaft zählt, sieht Funderburk das erkenntnistheoretische System Litts nicht abgeschlossen. Vielmehr erfaßt Funderburk "die 'ideierende Strukturanalyse' oder die philosophische Erkenntnis" als letzte Erkenntnisstufe Litts, in der dieser die Möglichkeit sehe, sowohl die Bedingungen als auch die Grenzen der Einzelwissenschaften zu ermitteln (86). Zwar behandelt Funderburk im Zusammenhang seiner Untersuchung der verschiedenen Erkenntnisstufen bei Litt immer auch sprachphilosophische Aspekte. Aber diese Erörterungen gehen nicht über kurze Hinweise und Anmerkungen hinaus. Lediglich den erkenntnistheoretischen Aspekt, der Sprache als paradigmatische Form des objektiven Geistes erfasse, untersucht Funderburk im Zusammenhang mit der Erkenntnisstufe des Verstehens ausführlicher (87). Hierbei betont Funderburk, Litt begreife Sprache als Resultat einer sinnhaften Ausdrucksbewegung, welche durch allgemein geltende Symbole bestimmt werde und erst im Kommunikationsprozeß zwischen Ich und Du entstehe (88). Die Sprache begreife Litt durch die Momente der "Zeitlosigkeit" und "Allgemeinverständlichkeit" bestimmt. In dieser Bestimmung sehe Litt die Begründung dafür, daß es möglich sei, den Sinngehalt eines Symbols auch dann zu identifizieren, wenn er von verschiedenen Personen in jeweils anderen Situationen ausgesprochen werde (89). Sinngehalt und sinnliche Form des Symbols erfasse Litt daher nicht als voneinander abgehobene "Seiten", sondern sehe sie grundsätzlich aufeinander bezogen. Zudem verweise Litt darauf, daß die Differenzierung zwischen innerem Gehalt und äußerer Form der Sprache nicht auf der Stufe des Verstehens, sondern erst auf der Stufe der naturwissenschaftlichen Erkenntnis möglich werde, welche die Stufe des Verstehens - in der Litt nach Funderburk die Sprache behandelt - voraussetze (90). Den beiden Momenten des Symbols, Sinngehalt und symbolische Form, ordnet Funderburk zwei verschiedene Möglichkeiten der symbolischen Ausdrucksbewegung bei Litt zu. Einmal sieht Funderburk sie im naturwissenschaftlichen Symbolverständnis, das sich nach Litt in der "naturwissenschaftlichen 'Sprache'" manifestiere und darauf bezogen sei, jede persönliche Intention auf ein Minimum zu reduzieren (91). Zum anderen erkennt Funderburk sie in den "in Mythos, Kunst, Religion und dgl." gebildeten Sprachformen, in denen nach Litt das persönliche Moment des Dialogs erhalten bleibe (92).

Den erkenntnistheoretischen Aspekt der Littschen Sprachphilosophie untersucht auch Apel, wobei er allerdings nur auf die von Litt in der dritten Periode entwickelte Geistesphilosophie eingeht (93). Bei seiner Interpretation geht Apel von einem Vergleich zwischen der von Russel, Tarski u.a. entwickelten logischen Sprachanalyse und der Littschen "Theorie der 'Selbstaufstufung der Sprache'" aus (94). Gegenüber der logischen Sprachanalyse, die Apel im Sinne eines formalisierten, hierarchisch strukturierten Systems von Objekt- und Metasprachen versteht, erfaßt er den sprachanalytischen Ansatz von Litt als darauf bezogen, das Verhältnis von Objekt- und Metasprachen in der Umgangssprache dialektisch zu vermitteln. Diese Interpretation begründet Apel mit dem Hinweis, nach Litt weise jede Umgangssprache nicht nur eine objektsprachliche Funktion auf, sondern sei zugleich auch in die Lage versetzt, diesen objektsprachlichen Bedeutungsgehalt reflexiv zu erschließen, ohne dabei ihren umgangssprachlichen Charakter zu verlieren (95). Die Erkenntnisleistung der selbstreflexiven Durchdringung der Sprache sehe Litt im absoluten Wissen über die Sprache. Diese These verdeutlicht Apel mit der Unterscheidung von Begriff und Gegenstand, in welcher Litt die "Selbstaufstufung" der Sprache, d.h. die Überwindung der objektsprachlichen Grenzsetzung durch die Umgangssprache fundiert sehe (96). Apel sieht in diesem sprachphilosophischen Ansatz Litts "eine Überschätzung der nur formalen, jederzeit möglichen Reflexion des Geistes und der Sprache auf sich selbst" (97). Diese Kritik begründet Apel, indem er auf die Bedeutung hinweist, die Litt der konkretgeschichtlichen Umgangssprache für die philosophische Reflexion einräume. Sie erfaßt Apel als "Medium alles philosophischen Denkens" und leitet daraus die Folgerung ab, daß nach Litt "ein Zuendekommen der reflexiven Selbstergründung der Sprache und damit des Geistes allenfalls in einer gewissen formal-spekulativen Vorwegnahme, keinesfalls aber im Hinblick auf den materialen Gehalt der Sprache und des Geistes" möglich sei (98). Darin erkennt Apel "eine Unterschätzung der von Hegel bereits erkannten inneren Wechselbezogenheit von Form und Inhalt des Geistes und" bezeichnet dies als "einen Rückfall in den ungeschichtlichen Formalismus der Kantischen Transzendentalphilosophie" (99). Einen Grund für diesen Formalismus sieht Apel darin, daß Litt das Resultat der Selbstaufstufung der Sprache, den allgemeinen philosophischen Begriff, nicht in einen Bezug zur Vorgeschichte und Geschichte der philosophischen Sprach- und Begriffsbildungen setze und dadurch versäume, eine weitere Aufstufung der Sprache in ihre eigene Geschichte im Sinne eines hermeneutischen Zirkels vorzunehmen (100).

Gegenüber diesen Erörterungen der Sprachphilosophie Litts untersucht Frank im Rahmen seiner Geschichte des Deutschunterrichts den sprachdidaktischen Ansatz, den Litt in seiner zweiten Periode im Zusammenhang mit seiner "Wendung gegen den kulturkundlichen Strukturalismus" entwickelt habe (101). Den Strukturbegriff erfaßt Frank im Anschluß an Litt als einen analytischen Begriff, dessen Funktion es sei, den seelischen Strukturzusammenhang des Individuums, aber auch der Kulturgemeinschaft zu beschreiben. Das strukturanalytische Verfahren setze nach Litt nicht nur ein umfassendes geistesgeschichtliches psychologisch-historisches Wissen, sondern auch genaue Kenntnis der zu analysierenden Texte voraus. Gerade aber eine solche "gegenständliche" Interpretation werde Litt zufolge von den Vertretern des kulturkundlichen Ansatzes als nicht unbedingt erforderlich angesehen (102). Diese Kritik versteht Frank nicht nur als Relativierung der unterrichtspraktischen Bedeutung der strukturanalytischen Textinterpretation, sondern auch als prinzipielle Ablehnung der bildungstheoretischen Konzeption des kulturkundlichen Ansatzes. Frank begründet diese Interpretation mit dem Hinweis, nach Litt könne die strukturanalytische Vorgehensweise nicht den realen Bedingungen des schulischen Erziehungs- und Bildungsprozesses entsprechen, da sie sowohl von einer umfassenden Sachkenntnis als auch von einem psychologischen Einfühlungsvermögen abhängig sei, die nicht bei jedem Lehrer oder Schüler vorausgesetzt werden könnten (103). Litts Deutung des kulturkundlichen Strukturbegriffs läßt sich nach Frank nicht von einem geisteswissenschaftlichen Theorie- und Bildungsverständnis leiten. Vielmehr erfasse Litt diesen Begriff unter naturwissenschaftlicher Sicht als darauf bezogen, "in der Struktur nichts anderes zu sehen als den Wirkungszusammenhang gleichbleibender 'Kräfte' mit bestimmbarer 'Gesetzlichkeit'" (104). Entsprechend dieser naturwissenschaftlichen Ausrichtung betrachtet Frank den Zusammenhang von Text und strukturanalytischer Interpretation bei Litt als Mittel-Zweck-Verhältnis, das ermöglichen solle, wesentliche Strukturmerkmale einzelner Kulturgemeinschaften zu bestimmen. Hierbei betont Frank, Litt sehe in der Zwecksetzung, dem Schüler ein umfassendes Wissen über das Wesen anderer Kulturgemeinschaften zu vermitteln, nicht die eigentliche Zielsetzung des kulturkundlichen Ansatzes. Vielmehr verstehe Litt dieses Wissen als Mittel, mit dessen Hilfe die eigene Kultur erkannt werden solle (105). Diese Reduktion des Geltungswertes der Strukturerkenntnis stelle laut Litt eine fundamentale Selbsttäuschung dar. Sie übersehe, daß nur durch die totale Hingabe an die fremde Sache das eigene Wesen erkannt werden könne, und führe zu einem gefährlichen Nationalismus. Die Ursache dieser gefährlichen Tendenz sieht Frank im Anschluß an Litt in der unzulässigen Umdeutung des ursprünglich deskriptiven Strukturbegriffs zu einem Wertbegriff. Diese Umdeutung ist nach Frank eine Folge von Sprangers Strukturbegriff und dessen Rezeption in der kulturkundlichen Bewegung. Litts Kritik am kulturkundlichen Strukturbegriff ziele deshalb implizit auf die Strukturlehre Sprangers (106).

Auf die Sprachphilosophie, die Litt im Rahmen seiner Geistesphilosophie entwickelt hat, geht auch Liebrucks in einer größeren Abhandlung ein (107). Im Mittelpunkt seiner Untersuchung steht das Verhältnis von Sprache und Bewußtsein. In dieses Problem führt Liebrucks ein, indem er das Sprachverständnis verdeutlicht, das Litt in den erkenntnistheoretischen und geistesphilosophischen Werken seiner dritten Periode entfaltet hat. Nach Liebrucks geht Litt davon aus, daß die Sprache kein Mittel sei, um den Menschen in seine Umwelt zu integrieren. Vielmehr werde ihm durch die Sprache eine Welt von Perspektiven eröffnet (108). Dies leiste die Sprache aufgrund der Dialektik von sinnlicher Form und unsinnlichem Gehalt, die das Wesen der Sprache ausmache. Die Sprache erscheine so als Voraussetzung einer jeden Natur- und Welterfahrung, gleichgültig ob sie einen spezifisch wissenschaftlichen Charakter habe oder aus dem nichtwissenschaftlichen Umgang resultiere. Die apriorische Bedeutung der Sprache beziehe Litt auch auf das sogenannte reine Denken, wie z.B. die reine Mathematik. Sie sei nur insofern möglich, als sie einen sprachlichen Charakter habe, wobei sich diese sprachliche Dimension nach Liebrucks nicht nur auf den sinnlichen Charakter der Formeln bezieht. Vielmehr gehöre auch "die unsinnliche Bedeutung, die die Sprachlaute an ihnen haben, ... zum Versinnlichungscharakter" (109). Allerdings weist Liebrucks darauf hin, daß Litt den Zeichencharakter der Sprache zum Teil falsch interpretiere, da er übersehe, "daß die noch in den Zeichencharakter der Sprache gehörige Bedeutung zu ihrem Wesensstatus, nicht zu ihrem Begriffsstatus gehört" (110). Darin sei begründet, daß Litt der Zeichensprache nicht nur eine sachliche, sondern auch eine Zeitüberlegenheit zuerkenne, so daß die Bedeutungen der Zeichensprache beliebig reproduziert werden könnten. Dies sei jedoch eine Fehlinterpretation, da Bedeutungen nur ihrem Wesen nach wiederholbar seien, nicht jedoch "im logisch exakten Sinn", d.h. "ihrem begrifflichen Status nach", der an die je einmalige Situation der Bedeutungsgebung gebunden sei (111). Diese Fehlinterpretation berührt nach Liebrucks jedoch nicht die dialektische Bestimmung der Sprache bei Litt. In dieser Dialektik sieht Liebrucks den Grund dafür, daß die Sprache ihren Gegenstand nicht abbilden kann. Dies gelte selbst für mathematische Formeln, deren Sinn darin bestehe, "ein 'gestalthaft-bedeutungshaltiger Ausdruck zur Bezeichnung des Gestaltlos-Bedeutungslosen' ... zu sein" (112). Im Zeichencharakter der mathematisch-naturwissenschaftlichen Formeln sieht Liebrucks die Eindeutigkeit der Sprache bei Litt begründet. Demgegenüber drücke sich in der Alltags- und in der dichterischen Sprache ein "überzeichenmäßiger Charakter" aus, der es notwendig mache, den Bedeutungsgehalt des Ausgesprochenen "in jeder neuen Situation anders zu interpretieren" (113). Das Verhältnis von Eindeutigkeit und Mehrdeutigkeit erfaßt Liebrucks als Aufstufung, die nach Litt in der Geistigkeit der Sprache begründet ist. Hierbei weist Liebrucks darauf hin, daß Litt einerseits zwar hervorhebe, daß es sich bei der Zeichensprache und der dichterischen Sprache nicht um zwei verschiedene Sprachen handle. Andererseits aber kennzeichne Litt diese beiden Bereiche als Doppelfunktion der Sprache und vertrete damit einen Ansatz, der an der Mathematik, nicht jedoch an der Sprache orientiert sei (114). Eine weitere Schwäche der Littschen Sprachphilosophie besteht nach Liebrucks darin, daß Litt den Geistcharakter der Sprache nicht immer hervorhebe, sondern statt dessen nur den lebendigen Charakter der Sprache betone (115). Dies ist jedoch nicht als grundsätzliche Kritik der Littschen Sprachphilosophie gemeint, da Liebrucks zugleich darauf hinweist, daß Litt den geistigen Charakter der Sprache durchaus richtig erfaßt habe, etwa in seiner Auseinandersetzung mit dem Darwinismus. Dort mache Litt darauf aufmerksam, daß die Zeichenfunktion der Sprache Ausdrücke voraussetzt, die die Sprache entwickelt und geformt haben mußte. Diese Ausdrücke gehörten nicht zu einer Zeichensprache, sondern seien als Resultate geistiger Gestaltungsprozesse zu begreifen, welche in der Auseinandersetzung von Mensch und Welt entständen (116). In diesem geistigen Charakter der Sprache sieht Liebrucks die Aufstufung der Sprache bei Litt begründet, die er als eine dialektische Verschränkung von Vernunft und Verstand begreift. Diese Dialektik manifestiere sich darin, daß die Sprache einerseits den Charakter eines Mittels habe, etwa indem sie als Mittel der Erkenntnis, als Mittel der Lüge oder der Wahrheit verwandt werden könne. Die Sprache gehe jedoch nicht in solche Funktionen auf, sondern ermögliche diese erst und ordne sie als Teil in das Ganze der Sprache ein, indem sie sich von einem übergeordneten Standpunkt aus darauf beziehe (117). Dieser reflexive Bezug der Sprache auf sich selbst werde nach Litt in einer Sprache vollzogen, welche die Grenzen der Sprache, die sich selber nicht reflektiere, überwinde. Dagegen wendet Liebrucks ein, dieser Sprachgebrauch sei mißverständlich, da damit eine Überwindung gemeint sein könnte, "die in der Richtung auf ein Allgemeines läge, das höher stünde, als die Individualität der Sprache des Individuums" (118). Diese Höherentwicklung würde zur Konsequenz haben, daß die Stufe der zweiten Reflexion aufgegeben würde, die in der dialektischen Struktur der Sprache begründet sei. Die übergreifende Dimension der Sprache bei Litt sieht Liebrucks auch auf die Welt bezogen und zu einer Selbsterhöhung der Sprache werden. Dadurch habe die Sprache bei Litt nicht mehr die Tendenz zu begreifen, "daß Ich das Allgemeine bin", sondern sei durch die Tendenz zur Allgemeinheit gekennzeichnet (119). Darin erkennt Liebrucks eine Tendenz zur Sache, die weder als "Allgemeinheit im Begriff" noch im Sinne eines Begriffs der Einheit vom Allgemeinen, Besonderen und Einzelnen bezeichnet werden könne (120). Die weltübergreifende Funktion mache die Sprache zur "Sache und die Sprechakte" zu "Handlungen und diese wiederum" zu "Phasen" eines Prozesses (121). Darin erkennt Liebrucks eine begrenzte Fragestellung, die auf dem Vorrang der Eindeutigkeit der Sache beruht und die logischen Probleme der begrifflichen Bestimmung "der Legitimität des Sachdenkens" nicht reflektiert, sondern der "Logik des Wesens" verhaftet bleibe (122).

Die Durchsicht der Forschungsliteratur läßt folgende thematische Schwerpunkte der Littschen Auseinandersetzung mit dem Problem der Sprache erkennen: Kulturphilosophie, Anthropologie, Erkenntnistheorie und Bildungstheorie. Weiter wurde deutlich, daß alle diese Aspekte bei Litt eng miteinander verflochten sind und sich wechselseitig ergänzen. Jedoch wurde nicht erkennbar, wie sich dieser Zusammenhang im Gesamtwerk Litts darstellt. Diese Fragestellung liegt dieser Untersuchung zugrunde. Ihr geht es darum systematisch zu untersuchen, in welcher Weise Litt das Problem von Sprache und Bildung behandelt. Die entwicklungsgeschichtliche Thematisierung des Gesamtwerkes von Litt wird dabei nicht nur auf bisher ungenügend beachtete Aspekte dieses Problemzusammenhanges aufmerksam machen und bei der Interpretation der Littschen Schriften teilweise andere Akzentuierungen vornehmen, sondern zugleich auch die verschiedenen Entwicklungen der sprachphilosophischen und pädagogischen Fragestellungen verdeutlichen. Der Ertrag dieser Untersuchung ist jedoch nicht nur in der systematischen Behandlung des Problems von Sprache und Bildung bei Litt zu sehen. Eine weitere Bedeutung dieser Untersuchung besteht darin, daß mit der Darstellung des Zusammenhanges von Sprachphilosophie und Bildungstheorie bei Litt zugleich auch auf die historischen Grundlagen gegenwärtiger Ansätze zu einer pädagogischen Theorie der Sprache verwiesen wird.

## 2 SPRACHPHILOSOPHISCHE ASPEKTE DER ERKENNTNISTHEORIE LITTS

Das Problem der erkenntnistheoretischen Grundlegung wissenschaftlicher Erkenntnis - und damit auch der Pädagogik - wird von Litt im Laufe seines Werks immer wieder aufgegriffen und sowohl im Zusammenhang mit anderen thematischen Fragestellungen, wie z.B. der Kulturphilosophie oder der Geistesphilosophie, als auch in selbständigen Abhandlungen systematisch verfolgt. Dabei ist zwar eine Entwicklung der wissenschaftstheoretischen Grundpositionen festzustellen, auf die im Einleitungskapitel bereits eingegangen wurde. Zugleich aber läßt sich aufzeigen, daß Litt das Problem der Erkenntnis nicht nur als wissenschaftstheoretische Fragestellung behandelt, sondern stets im Zusammenhang mit gesellschaftlichen und anthropologischen Aspekten reflektiert. Erkenntnis erfaßt Litt dabei als grundlegendes Prinzip individueller und kultureller Praxis des Einzelnen. Die Erkenntnistheorie gewinnt damit eine bildungstheoretische Dimension, welche sich nicht nur auf die wissenschaftliche Erkenntnis und deren Bedeutung für die Ausgestaltung gesellschaftlicher und individueller Lebensbereiche bezieht, sondern auch auf die philosophische Reflexion dieses Zusammenhanges. Auf dieses Verständnis von Erkenntnis weisen schon die Titel der wissenschaftstheoretischen Abhandlungen von Litt hin: *Erkenntnis und Leben* (1923), *Wissenschaft, Bildung, Weltanschauung* (1928), *Denken und Sein* (1948). Das Problem der Sprache wird dabei in zweifacher Weise berührt. Zunächst erfaßt Litt die Sprache als grundlegend für die wissenschaftliche und philosophische Erkenntnis insofern, als diese im Medium der Sprache realisiert wird. Diese Bestimmung von Sprache als Grundvoraussetzung der Erkenntnisbildung führt Litt zu der Konzeption verschiedener Wissenschaftssprachen und ihrer Aufstufung im Sinne einer metasprachlichen Grundlegung in der philosophischen Reflexion des Strukturgefüges der Wissenschaften (1). Sodann erfaßt Litt die jegliche Erkenntnis konstituierenden Bedingungen in dem Verhältnis von erkennendem Ich und erkannter Du-Wirklichkeit als Grundrelation von Kundgebung und Verstehen fundiert, welches an die Sprache als ausdrückende und gestaltende Kraft geistiger Formen und Zusammenhänge verwiesen ist. Erkenntnis, Bildung und Sprache erscheinen so als sich gegenseitig bedingende und aufeinander bezogene Momente des komplexen Strukturzusammenhanges der geistigen Wirklichkeit. Dieser Grundgedanke wird von Litt in seinem frühen erkenntnistheoretischen Werk *Erkenntnis und Leben* mit Hilfe einer lebensphilosophisch fundierten prinzipientheoretischen Reflexion der transzendentalen Bedingungen wissenschaftlicher Erkenntnis und ihrer Funktion für den Erhalt und die Fortentwicklung der "geistigen Gesamtwelt" des Individuums entfaltet (2). In den nachfolgenden Abhandlungen, die in der Zeit bis 1933 entstehen, wird der Ansatz einer lebensphilosophisch ausgerichteten Transzendentalphilosophie zugunsten einer phänomenologischen Metaphysik aufgegeben. Litt geht es nun darum, die einzelnen Wissenschaftsdisziplinen im Sinne eines systematischen Aufbaus wissenschaftlicher Erkenntnis zu erfassen, der von der vergegenständlichten zur absoluten Erkenntnis führt und an die metaphysische Dimension der Sprache als Medium und gestaltende Kraft des objektiven Geistes verwiesen ist. Diesen Ansatz, den Litt u.a. in der Auseinandersetzung mit Humboldts und vor allem mit Herders Sprachphilosophie gewinnt (3), modifiziert er hinsichtlich der wissenschaftstheoretischen Grundannahmen phänomenologisch-dialektischer Erkenntnis in seinen späten Werken im Sinne einer dialektisch konzipierten geistesphilosophischen Grundlegung der Erkenntnis und ihrer Bedeutung zum Gegebenen der Welterfahrung des Menschen (4). Dieser skizzierte Zusammenhang soll im folgenden unter systematischer Sicht erörtert werden, wobei der Stellenwert der Sprache als anthropologische Grundlage der Wissenschaftstheorie Litts im Mittelpunkt steht.

## 2.1 DIE TRANSZENDENTALE DIMENSION DER SPRACHE ALS GRUNDLAGE DER STRUKTURTHEORIE

Das Problem des Zusammenhanges von Erkenntnis und Leben entwickelt Litt aus einer Analyse der neueren Wissenschaftsgeschichte, die er in drei Phasen einteilt (5). Die erste Phase kennzeichnet Litt als diejenige "Epoche", in welcher "die 'Wissenschaft' ... zusammen mit dem Ganzen der Wirklichkeit auch das Ganze von Staat, Gesellschaft, Kultur" sich "unterworfen glaubte" (6). Diese Phase, welche von dem Wissenschaftsverständnis von Fichte, Schelling und Schleiermacher getragen worden sei, sieht Litt durch die Phase der positiven Wissenschaften als abgelöst an (7). Während das Konzept einheitswissenschaftlicher Erkenntnis, das in der ersten Phase Geltung gehabt habe, von Litt durch einen Bezug auf die Lebensformen der geistigen Wirklichkeit bestimmt wird, erfaßt er die zweite Phase als durch eine grundsätzliche Trennung zwischen Erkenntnis und Lebenspraxis der Kulturgemeinschaft gekennzeichnet. Das positivistische Wissenschaftsverständnis sei dabei nicht nur auf den Bereich naturwissenschaftlicher Erkenntnis bezogen worden, sondern habe teilweise auch "die systematischen Geisteswissenschaften" beeinflußt (8). Diese Entwicklung erfaßt Litt zwar einerseits als durch eine Ausdifferenzierung wissenschaftlicher Methoden bestimmt. Andererseits aber erkennt Litt darin eine Einseitigkeit zum Ausdruck kommen, welche die kulturellen Bedingungen wissenschaftlicher Erkenntnis nicht erfasse. Auf diese Einseitigkeit habe die dritte Phase der Wissenschaftsentwicklung reagiert. Das Motiv dieser Entwicklung sieht Litt darin, die ursprüngliche Einheit der Wissenschaften, welche durch die Entwicklung zu positivistischen Einzelwissenschaften aufgelöst wurde, wieder zurückzugewinnen, indem ein Zusammenhang zwischen einzelwissenschaftlicher Detailforschung und philosophischer Reflexion hergestellt wurde. Dies führte nach Litt dazu, die Wissenschaften als in den Kulturzusammenhang der Gemeinschaft eingebettet zu begreifen und in ihren Funktionen für das geistige Leben zu reflektieren (9). Diese "Selbsterforschung der Wissenschaft" kennzeichnet Litt als Aufgabenstellung, welche den gegenwärtigen erkenntnistheoretischen Ansätzen zugrunde liegt und ordnet sein eigenes Vorhaben der Strukturanalyse des Zusammenhanges von wissenschaftlicher und philosophischer Erkenntnis einerseits und geistiger Lebenswirklichkeit andererseits in die von ihm aufgezeigte Wissenschaftsentwicklung ein, um zu einer Synthese der sich gegenseitig ausschließenden Prinzipien zu gelangen. Diese Synthese entfaltet Litt im Sinne eines aufgestuften Systems der Erkenntnis, das von dem Verhältnis zwischen Naturwissenschaft und Leben ausgeht und über die Bestimmung des "Lebensbezuges der geisteswissenschaftlichen Erkenntnis" zur strukturtheoretischen Analyse des Verhältnisses von Erkenntnis und geistiger Lebenswirklichkeit führt.

Die Naturwissenschaft begreift Litt generell durch einen Lebensbezug bestimmt. Ihn sieht Litt im Deduktionszusammenhang von Naturwissenschaft und Technik manifestiert. Dieser führe dazu, daß jede grundlagentheoretische Erkenntnis der Naturwissenschaften eine lebenspraktische Bedetung besitze, die nicht explizit formuliert werden müsse, da sie die Basis technologischer Aussagen darstelle (10). Die Lebensbedeutung der Naturwissenschaften besteht nach Litt darin, bestimmte Mittel anzugeben, mit deren Hilfe lebenspraktische Zwecke zu realisieren sind. Mit dieser Bestimmung setzt Litt eine funktionale Trennung von Naturwissenschaften und Leben voraus, die im Sinne des naturwissenschaftlichen Objektivitätsideals zu begreifen ist. Das Verhältnis von Naturwissenschaft und Leben kennzeichnet sich nach Litt durch eine "vollkommene Einstimmigkeit auf Grund vollkommener Grenzrespektierung" (11). Beide Leistungen, die objektive Naturerkenntnis und die subjektive Zwecksetzung, sind nach Litt sowohl voneinander geschieden als auch aufeinander bezogen. Dies begründet sich nach Litt darin, daß sich im Bewußtsein des Forschers, der die jeweiligen Zwecksetzungen naturwissenschaftlicher Erkenntnis bestimmt, beide Bereiche gegenseitig voraussetzen und wechselseitig bestimmen. Die Naturwissenschaften interpretiert er als eine durch "Zwecksetzungen und Zweckrealisierungen" bestimmte Form des geistigen Lebens (12). Die strukturtheoretische Analyse des Zusammenhanges von Naturwissenschaft und Leben erschöpft sich aber mit dieser wechselseitigen Bestimmung von Zwecksetzung und -realisierung nicht. Vielmehr weist Litt der Strukturlehre die Aufgabe zu, die geistigen Funktionen der Naturerkenntnis und der Zwecksetzung zu bestimmen. Dieser Fragestellung begegenet Litt, indem er einerseits mit Hilfe der von Husserl begründeten phänomenologischen "ideierenden Abstraktion" den logischen Charakter der naturwissenschaftlichen Erkenntnisbildung zu erfassen sucht (13). Andererseits greift Litt auf das von Natorp entwickelte Verfahren der "Rekonstruktion" zurück, um den geistigen Sinngehalt des naturwissenschaftlichen Erkenntnisprozesses zu ermitteln (14). Die ideierende Abstraktion charakterisiert Litt als ein methodisches Vorgehen, welches durch die "Analyse des Besonderen zu dem Allgemeinen vordringt, das es im Begriff zu fassen gilt" (15). In bezug auf die Naturwissenschaften sieht Litt die ideierende Abstraktion darauf ausgerichtet, den logischen Charakter der naturwissenschaftlichen Begriffsbildung zu bestimmen. Dieser Ansatz werde durch die rekonstruktive Analyse ergänzt, mit dem der geistige Gehalt des Erkenntnisaktes analysiert und auf die "geistigen Betätigungen" des zwecksetzenden Individuums zurückgeführt werden könne (16).

Die Naturwissenschaften sieht Litt durch spezifische Begriffssysteme gekennzeichnet, d.h. durch Wissenschaftssprachen, wobei er dies sowohl auf "das im engeren Sinne generalisierende, d.i. klassifizierende Verfahren" der vergleichenden Naturwissenschaften als auch auf "das analysierende Verfahren" der exakten Naturwissenschaft bezieht (17). Das Begriffssystem der vergleichenden Naturwissenschaften definiert Litt als ein System von "Gattungsbegriffen", die gemeinsame Merkmale verschiedener Naturphänomene klassifizieren und "das gattungsmäßig Allgemeine" an "dem ihm zugehörigen Einzelexemplar" bestimmen (18). Demgegenüber sind nach Litt die exakten Naturwissenschaften darauf ausgerichtet, "die 'Natur' in einem einheitlichen System von Begriffen darzustellen" (19). Ein solches Begriffssystem läßt sich nach Litt gewinnen, wenn "die komplexen Gegenstände der natürlichen Wirklichkeit in eine Vielzahl von" quantifizierbaren "Momenten" zerlegt werden, "von denen ein jedes das fragliche Objekt einer bestimmten, auf eine durchgehende allgemeine Regel zurückführbaren Reihe einordnet, derart, daß es im Idealfalle durch die Vielzahl der in ihm sich kreuzenden Reihen bzw. der diese Reihen beherrschenden Gesetze erschöpfend bestimmt sind" (20).

Diese sowohl im engeren als auch im weiteren Sinne generalisierenden Abstraktionsformen bezieht Litt allerdings nicht auf die Bestimmung der Begriffe "Naturerkenntnis" und "Zwecksetzung", mit denen er das Verhältnis von Naturwissenschaft und Leben kennzeichnet. Zwar sieht er in diesen Begriffen auch "das Ergebnis einer Abstraktion - aber einer von ganz anderem methodischen Charakter", nämlich der ideierenden Abstraktion einerseits und der rekonstruktiven Analyse andererseits (21). Dieses Resultat erschließt sich ihm durch die sprachkritische Reflexion dieser Begriffe. Unter dem erkenntnistheoretischen Bedeutungsgehalt des Begriffs "Zwecksetzung" erfaßt er ein ausschließlich auf die wissenschaftliche Erkenntnis bezogenes geistiges Handeln. Demgegenüber sei der umgangssprache Sinngehalt dieses Begriffs auf alle möglichen Lebensbereiche bezogen (22). Den umgangssprachlichen Bedeutungsgehalt des Begriffs "Erkenntnis" versteht er im Sinne eines allgemeinen geistigen Handelns, das sich erst durch die subjektunabhängigen Differenzierungen der Gegenstandsbereiche bestimmt. Davon müsse der erkenntnistheoretische Gehalt dieses Begriffs unterschieden werden, da er sich nur auf ein vom Erkenntnissubjekt bestimmtes Handeln beziehe, das sich auf die Erforschung der Gegenstandsbereiche wissenschaftlicher Erkenntnis beschränke (23).

Die begriffsanalytisch ausgerichtete Reflexion der Erkenntnisleistungen, welche mit Hilfe phänomenologischer und rekonstruktiver Verfahrensweisen durchgeführt wird, bezeichnet Litt mit dem Begriff "Funktionslehre". Der Zusammenhang von Funktionslehre und Naturwissenschaften stellt nach Litt in bezug auf die "Antithese" von Erkenntnis und Leben ein hierarchisches Verhältnis dar. Während der Lebensbezug der Naturwissenschaft nur aus der ihr übergeordneten Sicht der Funktionslehre bestimmt werden könne, besitze die Funktionslehre "in ihrer eigenen Methodik" einen Lebensbezug, welcher in ihren Begriffen enthalten sei (24). Diesen Bezug auf die "inhaltlich konkretisierte Fülle des geistigen Werdens, Seins und Wirkens", der sich in den Begriffen der Funktionslehre manifestiere, erfaßt Litt als eine Transformation in die Geisteswissenschaften, die er auch als "Selbsttranszendenz" bezeichnet (25). Diese Selbsttranszendenz der Funktionslehre in die Geisteswissenschaften erschließt sich Litt in der Analyse des Allgemeinen aus dem Besonderen. Sie ist nach Litt einerseits als phänomenologische Analyse der geisteswissenschaftlichen Begriffsbildungen zu verstehen. Andererseits wird sie von Litt als rekonstruktive Analyse der individuell-geistigen Voraussetzungen des Erkenntnisprozesses beschrieben. In diesem zweifachen Sinne erfaßt Litt die Erkenntnisse der Funktionslehre in bezug auf die Geisteswissenschaften als "allgemeine Wahrheiten ... über geistiges Geschehen schlechthin" (26). Solche allgemeinen Wahrheiten sind nach Litt einmal in den Aussagen enthalten, welche mit Hilfe der ideierenden Abstraktion "die konkrete Erfüllung mit besonderen Inhalten als allgemeine notwendige Bedingung geistigen Geschehens festlegen und die allgemeinen Weisen solcher Erfüllung analysieren" (27). Zum anderen sind nach Litt auch in den Aussagen allgemeine Wahrheiten ausgedrückt, welche mit dem Verfahren der rekonstruktiven Analyse "von der allgemeinen Tatsache konkreter Inhaltserfüllung her Rückschlüsse ziehen auf die allgemeine Beschaffenheit des seelischen Seins, den allgemeinen Gang des seelischen Werdens, von denen die Möglichkeit solcher Inhaltserfüllung abhängt" (28).

Der rekonstruktiven Analyse mißt Litt eine besondere Bedeutung bei. Dies begründet Litt, indem er betont, deren Erkenntnisleistung bestehe nicht nur darin, "solche seelische Akte, die zunächst lediglich fixiert sind im Hinblick auf die in ihnen erfaßte Gegenständlichkeit, einzubetten in die sie erzeugende Vollwirklichkeit konkreten seelischen Geschehens und so zu der 'Besonderheit' geistigen Lebens vorzudringen, von welcher jene Inhalte an sich nichts erkennen lassen" (29). Diesen rekonstruktiv erschlossenen Zusammenhang von Erkenntnis und Leben charakterisiert Litt lediglich als Voraussetzung der rekonstruktiven Analyse. Deren eigentliche Zielsetzung bestehe vielmehr darin, die individuellen geistigen Bedingungen geisteswissenschaftlicher Erkenntnis zu ermitteln. Damit aber "tritt das geisteswissenschaftliche Subjekt in die Reihe der Objekte ein , welchen die Aussagen der Funktionslehre gelten" (30). Dies trifft zwar schon für die funktionstheoretische Analyse des naturwissenschaftlichen Erkenntnisprozesses zu. Aber während Litt dort die Erkenntnisleistungen losgelöst von allen individuellen Ausprägungen auf ihre logische Struktur hin untersucht, erfaßt er nun das geisteswissenschaftliche Subjekt in bezug auf die Funktionslehre "nicht als ein Fremdes, von außen Kommendes, sondern als ein, aus letzten prinzipiellen Erwägungen heraus ... Gefordertes" (31). Jedoch nicht in dem geisteswissenschaftlichen Subjekt, sondern vielmehr in der Beziehung zwischen diesem und den geistigen Formen und Gehalten, welche durch das Verstehen ermöglicht und realisiert werde, sieht Litt den eigentlichen "Gegenstand" der funktionstheoretischen Analyse geisteswissenschaftlicher Erkenntnis. In diesem Sinne betont Litt, "nicht als 'isolierter Gegenstand nämlich tritt ... das geisteswissenschaftliche Subjekt in den Gesichtskreis der Funktionslehre ein, sondern von vornherein als Glied der Besonderes mit Besonderem, Leben mit Leben verknüpfenden Relation, die der terminus 'Verstehen' bezeichnet" (32).

Dieses Verstehen ist nach Litt grundsätzlich auf alle Äußerungsakte von Individuen bezogen. Jedoch meint Litt dies nicht im Sinne einer bloßen Vermittlung von "zwei bis dahin völlig geschiedenen, wie zwei selbständige Substanzen einander gegenüberstehende Parteien" (33). Vielmehr sei der Akt des Verstehens als "ein Moment in der Struktur des überpersönlichen Ganzen, das die vermeintlichen 'Parteien' einschließt und damit, vor aller Verständigung im Einzelnen, jedes bloße Gegenüber aufhebt", anzusehen (34). Diese geistige Gesamtwelt des Individuums, in welche Litt den Akt des Verstehens eingliedert, erfaßt er als durch den Strukturzusammenhang von Erlebnis, Ausdruck und Verstehen begründet und damit an die Sprache gebunden. Hierbei verweist er auf die sprachlich strukturierten Formen des objektiven Geistes und die darin enthaltenen Verständigungsmöglichkeiten. Das sich in der Sprache verobjektivierte "Geistesgut" der Gemeinschaft, das "sachliche Vereinbarungen und Zusammenschlüsse" ermögliche, ist nach Litt jedoch nicht ausreichend, um das "geistige Lebensgefüge" des Individuums dauerhaft zusammenzuhalten (35). Vielmehr gewinne es nur unter der Bedingung eine gemeinschafts- und kulturbildende Bedeutung, wenn es auf den persönlichen Beziehungen zwischen Individuen basiere und zur Gestaltung solcher lebendigen Formen beitrage. Das an die Sprache gebundene Verstehen erfaßt Litt demgemäß nicht nur als von der Sprach- und Kulturgemeinschaft abhängig, sondern zugleich auch in der lebendigen Beziehung der Individuen untereinander gegründet. Mit Litts Worten: "Was... also Hintergrund, Medium, Voraussetzung für jeglichen Akt des Verstehens schien, jene personumfassende Gesamtwelt der Kulturgemeinschaft, sie ist ihrerseits nur vorhanden, in lebendiger Wirksamkeit... Hier ist also das, was ein Wirken bestimmter Art bedingt, selbst ein durch dies Wirken Gewirktes" (36). Die "Lebensfunktion" des Verstehens manifestiert sich nach Litt daher in der wechselseitigen Bezogenheit von zwischenmenschlichen Beziehungen und objektiven Formen und Gehalten des Geistes. Dieses Wechselverhältnis umschreibt Litt mit dem Begriff der "kulturbiologischen Bedeutung des Verstehens" und entwickelt damit einen anthropologischen Bezug der Erkenntnistheorie, der über individuelle Faktoren und Leistungen des Erkenntnisaktes hinausgeht und den komplexen Zusammenhang von "lebensgebundenem und wissenschaftlichem Verstehen" erfaßt.

In dieser sprachlich bestimmten "kulturbiologischen Funktion" des Verstehens sind nach Litt die Geisteswissenschaften gegründet. Daher sei es nicht nur Aufgabe der Funktionslehre, sondern auch der geisteswissenschaftlichen Gegenstandserkenntnis, diese Basis ihrer Theoriebildung zu erfassen. Der Strukturzusammenhang der Sprache als Grundlage des Verstehens gewinnt damit für Litt eine apriorische Dimension. In ihm sind die erkenntnistheoretische Analyse der Bedingungen geisteswissenschaftlicher Forschung und die gegenstandsorientierte geisteswissenschaftliche Erkenntnisbildung gegründet. Sie erscheinen bei Litt als sich zwei gegenseitig bedingende und wechselseitig ergänzende Bereiche des transzendental begründeten Strukturzusammenhanges der geistigen Welt. Aus diesem Grunde lasse sich auch sagen: "... die Bedingungen der Möglichkeit der Erkenntnis der geistigen Welt sind zugleich die Bedingungen der Möglichkeit der geistigen Welt" (37). In diesem Sinne versteht Litt die Strukturtheorie als eine "die Geisteswissenschaften fundierende Prinzipienlehre" (38). Die Geltung ihrer Aussagen bezieht sich nach Litt nicht nur auf faktische Erfahrungen der Vergangenheit und Gegenwart, sondern auch auf alle zukünftigen Erfahrungen der geistigen Welt. Die Relevanz der Strukturtheorie begrenzt Litt dabei nicht allein auf solche Überlegungen, die einem theoretischen Interesse folgen und "vergangenes oder gegenwärtiges Sein innerhalb der Kulturwirklichkeit" zu erfassen suchen, sondern bezieht sie ebenfalls auf "alle diejenigen praktisch gerichteten Erwägungen, die einem Handeln, einem Wirken im Rahmen derselben 'geistigen Welt' Klarheit und Zielsicherheit geben sollen" (39). Die Aufgabe der Strukturtheorie besteht nach Litt demgemäß darin, den funktionalen Zusammenhang von Handlungszielen und "Handlungsmitteln" zu reflektieren, wobei er nicht von einzelnen und konkreten, sondern grundsätzlich von allen möglichen Handlungssituationen ausgeht. Damit führt Litt die strukturtheoretische Reflexion über den Horizont des konkret-geschichtlichen Handelns hinaus und erfaßt den totalen Wirklichkeitszusammenhang geistigen Lebens als Grundlage des Verhältnisses von Zwecksetzung und Mittelbestimmung menschlichen Handelns.

## 2.2 DIE METAPHYSISCHE DIMENSION DER SPRACHE ALS GRUNDLAGE DER DIALEKTISCHEN PHÄNOMENOLOGIE

Der strukturtheoretischen Ansatz, in dem die Naturwissenschaften von den Geisteswissenschaften abgegrenzt und in ihren jeweiligen Lebensbezügen transzendentallogisch reflektiert werden, wird von Litt in den nachfolgenden Werken, die zu seiner zweiten Periode zu zählen sind, gründlich revidiert. Dabei läßt sich Litt von dem Ziel leiten, die einzelnen Wissenschaftsdisziplinen im Sinne eines systematischen Aufbaus wissenschaftlicher Erkenntnis zusammenzufügen, welcher von der vergegenständlichten Erkenntnis zur absoluten Erkenntnis führt. Diesen systematischen Entwurf legt Litt bereits in ersten Ansätzen seinem in der zweiten Auflage grundlegend revidierten kulturphilosophischen Werk *Individuum und Gemeinschaft* zugrunde. In der dritten Auflage dieses Werks wird der erkenntnistheoretische Systementwurf weiter vertieft.

Die dabei umrissene wissenschaftstheoretische "Grundlegung der Kulturphilosophie" wird von Litt in seinen nachfolgenden Werken bis 1933 in allen wesentlichen Aspekten beibehalten, obschon einzelne Fragestellungen einer vertieften Reflexion unterzogen werden und dadurch teilweise Erweiterungen erfahren. So führt Litt in seiner Abhandlung *Wissenschaft, Bildung, Weltanschauung*, die 1928 veröffentlicht wird, den in der dritten Auflage von *Individuum und Gemeinschaft* vorgelegten erkenntnistheoretischen Systementwurf unter der Sicht des Zusammenhanges von Wissenschaft und Menschenbildung fort (40). Hierbei geht Litt auf das Problem der Sprache in der wissenschaftlichen und philosophischen Erkenntnis in einem größeren Abschnitt ein (41). Diese Fragestellung vertieft Litt vor allem in der 1930 erscheinenden Abhandlung *Kant und Herder als Deuter der geistigen Welt* in bezug auf die Sprach- und Geschichtsphilosophie Herders. In der 1933 publizierten *Einleitung in die Philosophie* greift Litt den Zusammenhang von Erkenntnis und Sprache auf, um die methodischen Grundlagen gegenwärtiger Philosophie systematisch zu erörtern. Dieser sich in verschiedenen Etappen ausbildende Ansatz zu einer Erkenntnis- und Wissenschaftstheorie soll im folgenden unter der Sicht der Sprache rekonstruiert werden, wobei eine systematische Darstellung gewählt wird, durch die Überschneidungen vermieden werden sollen.

Bei seinem phänomenologisch-dialektisch ausgerichteten erkenntnistheoretischen Systementwurf setzt Litt ebenso wie bei der Entwicklung der Strukturtheorie am Problem der naturwissenschaftlichen Erkenntnis an. Die mathematische Naturwissenschaft bezeichnet Litt als "Körperwissenschaft" (42). Ihre Aufgabe sieht er darin, Naturphänomene und -prozesse exakt zu erforschen, um zu allgemein geltenden Gesetzesaussagen über Kausalzusammenhänge zu gelangen. Hierfür habe die mathematische Naturwissenschaft ein spezifisches Symbolsystem, d.h. eine mathematisch-naturwissenschaftliche Fachsprache, entwickelt, mit der Naturprozesse in Form kausaler Gesetzesaussagen beschrieben werden. Diese Beschreibung ist nach Litt jedoch nicht als Abbildung von in der Natur ablaufenden Prozessen zu verstehen, sondern als theoretisch begründete, methodisch geleitete Konstruktion einer so in der Natur nicht vorfindbaren Realität zu einem Erkenntnisgegenstand zu begreifen (43). Diese ausschließlich gegenstandsorientierte Bestimmung der mathematisch-naturwissenschaftlichen Fachsprache bezieht Litt auch auf die Definition der diese Wissenschaftssprache fundierenden Grundbegriffe, wie "z.B. die Begriffe von Zeit und Raum, Ursache und Wirkung, Kraft und Masse (44). Ihnen räumt Litt nur insoweit eine Relevanz für den Erkenntnisprozeß ein, als zwischen ihren umgangssprachlichen und fachlichen Bedeutungen unterschieden wird und sie nur im Sinne der naturwissenschaftlichen Fachsprache verwendet werden (45).

Gegenüber den mathematischen Naturwissenschaften sind nach Litt die Wissenschaften vom organischen Leben sowohl durch eine mathematisch-naturwissenschaftliche als auch durch eine in die Nähe von geisteswissenschaftlichen Verfahrensweisen gerückte Methodik gekennzeichnet. Die Lebenswissenschaften würden zwar ihre Erkenntnisse mit Hilfe naturwissenschaftlicher Verfahren gewinnen. Aber sie seien als Wissenschaften vom organischen Leben durch eine Fragestellung gekennzeichnet, die sich nicht nur auf gesetzmäßig ablaufende Kausalzusammenhänge beziehe, sondern stets auch auf den biologischen Zusammenhang des Lebensganzen (46). Diese Fragestellung verfolge die Lebenswissenschaft, indem sie eine Fachsprache entwickle, welche das organische Leben unter Verwendung taxonomischer Kategoriensysteme beschreibt. Den Unterschied zwischen der mathematisch-naturwissenschaftlichen und der lebenswissenschaftlichen Fachsprache verdeutlicht Litt am Beispiel des Zeitbegriffs. Den Zeitbegriff der mathematischen Naturwissenschaften erfaßt Litt als einen linear strukturierten Begriff, der die Zeit als ständig fortlaufenden Prozeß von sich ablösenden Momenten beschreibt. Nur auf diese Weise könne die "gedachte Zeit von der Mathematik erfaßt, d.h. gemessen, berechnet" werden (47). Im Unterschied hierzu geht Litt bei der Bestimmung des lebenswissenschaftlichen Zeitbegriffs auch auf die "räumliche" Ebene des Zeitablaufs ein. Der Grund hierfür besteht nach Litt darin, daß "das Organische als dasjenige Körperliche zu denken ist, das in jedem Moment seines Wachstums sowohl die durchlaufenden wie die noch zu durchlaufenden Phasen der Entwicklung als gestalthafte Bestimmtheit bzw. Vorbestimmung in sich trägt" (48).

Sowohl die mathematische Naturwissenschaft als auch die Lebenswissenschaften faßt Litt als gegenstandsorientierte Wissenschaften auf, die ihre Erkenntnisse mit Hilfe spezifischer Fachsprachen gewinnen, ohne die Sprache selbst zum Gegenstand ihrer Untersuchungen machen zu können. Eine Möglichkeit, die Sprache als Erkenntnisobjekt zu erfassen, besteht nach Litt erst in der Anthropologie (49). Der Anthropologie ordnet Litt zwei verschiedene Forschungsbereiche zu: die biologische Anthropologie und die Psychologie. Einerseits sind die anthropologischen Wissenschaften nach Litt an das methodische Verfahren der "induktiven Verallgemeinerung" und damit an das Methodenideal der Naturwissenschaft gebunden (50). Andererseits aber stelle die ideierende Abstraktion, welche Litt als spezifisch geisteswissenschaftliches Verfahren begreift, die methodische Voraussetzung jeder anthropologischen Erkenntnisbildung dar. Dies verdeutlicht Litt am Beispiel der Analyse des Denkerlebnisses. Die empirische Erforschung einzelner Denkakte lasse sich nicht unvermittelt auf induktiven bzw. experimentellen Wegen durchführen, da sie an Voraussetzungen gebunden sei, die erst durch eine phänomenologische Bestimmung von Zielsetzung, Gegenstand und Vorgehensweise des Untersuchungsprozesses erfaßbar werden (51). Nach Litt gilt dies auch für die Erforschung der Sprache, die von den anthropologischen Disziplinen einerseits empirisch und andererseits phänomenologisch vorgenommen werde. Hierbei bestimmt Litt als Aufgabe der biologischen Anthropologie die Untersuchung des sinnlichen Aspekts der Sprache, d.h. die Analyse der physiologischen Bedingungen des Sprachverhaltens (52). Demgegenüber ist es nach Litt Aufgabe der Psychologie, die seelischen Bedingungen des Sprachverhaltens im Hinblick auf die seelische Gesamtstruktur des Individuums zu erforschen (53).

Gegenüber diesen anthropologischen Disziplinen erfaßt Litt die geisteswissenschaftliche Erkenntnis als auf die phänomenologische Analyse der geistigen Welt ausgerichtet. Zwar ist nach Litt die Geisteswissenschaft ebenso wie die mathematische Naturwissenschaft, die Lebenswissenschaft und die Anthropologie eine gegenstandsorientierte Disziplin. Aber gegenüber den anderen Wissenschaften sei die Geisteswissenschaft durch einen Universalitätsanspruch gekennzeichnet, der sich selbst auf die naturwissenschaftliche Erkenntnisbildung beziehe (54). Die Erkenntnisse der Geisteswissenschaften drücken sich nach Litt im Sinne der Phänomenologie Husserls in "Wesensbegriffen" aus, "von denen ein jeder ... einen 'Teil', eine 'Seite', ein 'Element', einen 'Faktor' des Erlebnisganzen für sich fixiert" (55). Mit Hilfe der "Reflexion ersten Grades" ließen sich diese Detailerkenntnisse in den komplexen Erkenntniszusammenhang einordnen. Die "Reflexion ersten Grades" ist nach Litt allerdings nicht im Sinne einer eigenständigen Wissenschaftsdisziplin zu verstehen, sondern als eine spezifische Reflexionsweise der geisteswissenschaftlichen Erkenntnis zu begreifen. Die Geisteswissenschaften sind nach Litt prinzipiell in die Lage versetzt, "sich gleichsam eine Stufe über" ihre "eigene Leistung zu erheben und von dem so gewonnenen höheren Standort aus sich nicht nur die Tatsache, sondern auch die in der Natur" ihrer "Arbeit liegenden Gründe" ihres "Versagens bzw. ... Gelingens durchsichtig zu machen" (56).

Indem Litt die Geisteswissenschaften sowohl durch eine gegenstandsorientierte Erkenntnisbildung als auch durch die Dimension philosophischer Selbstreflexion kennzeichnet, greift er den schon in seiner ersten Periode formulierten Ansatz zur erkenntnistheoretischen Begründung der Geisteswissenschaften auf. Aber während er dort das Verhältnis von geisteswissenschaftlicher Gegenstandserkenntnis und Strukturtheorie als im geistigen Leben apriorisch begründet erfaßt, verzichtet er jetzt auf einen solchen transzendentalphilosophischen Ansatz und betont statt dessen, zwischen phänomenologischer Reflexion und geisteswissenschaftlicher Gegenstandserkenntnis bestehe ein dialektischer Zusammenhang. Diese Dialektik ist nach ihm jedoch nicht als gleichgewichtiges Verhältnis zweier zwar verschiedener, aber doch in sich gleichwertiger Erkenntnisleistungen zu verstehen. Vielmehr erscheine dieser Zusammenhang als ein aufgestuftes System, in dem der Absolutheitsanspruch der gegenstandsorientierten Geisteswissenschaften durch die darauf bezogene phänomenologische Reflexion ersten Grades relativiert werde (57). Diese reflexive Selbstdurchdringung der geisteswissenschaftlichen Erkenntnis bezieht Litt allerdings nicht nur auf die Reflexion ersten Grades und die durch sie realisierte begriffliche "Bestimmung des 'Wesens' aller Momente, die in der Struktur der geistigen Wirklichkeit vereinigt sind" (58). Vielmehr erfaßt er diese Reflexion auf einer höheren Stufe selber als Erkenntnisgegenstand. Diese Reflexionsstufe bezeichnet Litt als "Reflexion zweiten Grades" (59). hre Aufgabe besteht nach ihm in der Überprüfung des Geltungsanspruches der Reflexion ersten Grades und der dadurch vollzogenen Reflexion der eigenen Erkenntnisvoraussetzungen.

Diesen Ansatz gewinnt Litt aus der Sprachphilosophie Herders und Humboldts. Die Herdersche Sprachphilosophie ist nach ihm von einem Dialektikverständnis bestimmt, welches das Verhältnis von konkretem Verstehen der historischen Hermeneutik und abstrakter, universaler Erkenntnis als Zusammenhang der Erkenntnistheorie erfaßt, der in der Sprache paradigmatisch deutlich werde. Diese Dialektik ist nach Litt jedoch nicht im Sinne einer dialogischen Beziehung zweier sich wechselseitig ergänzender und gleichgewichtiger Strukturmomente zu verstehen. Vielmehr erfaßt Litt diese Dialektik - wobei er allerdings über den Ansatz Herders hinausgeht - als aufgestuftes System, das vom Akt des konkret-geschichtlichen Verstehens zur absoluten Erkenntnis, d.h. zu einem Wissen über sich selbst führt (60). Nach Litt wird dieser Ansatz durch die Sprachphilosophie Humboldts ergänzt. Sie sieht Litt von einem Verständnis getragen, das in der Sprache nicht nur das Medium der Verständigung und Selbstverständigung erkennt, sondern auch eine eigenständige geistige Kraft und ihr damit eine inhaltliche gedanken- und "weltbildende" Dimension zuschreibt (61). In dieser weltbildenden Dimension ist nach Litt die sprachkritische Ausrichtung der Reflexion zweiten Grades begründet. Ihre Aufgabe sei es, den metaphysischen Gehalt der Erkenntnisbildung von allen mythischen etc. Sprachformen zu befreien und ihn in die geisteswissenschaftliche Erkenntnis zu übertragen (62).

Die Erkenntnis der Reflexion zweiten Grades erfaßt Litt als durch die Dialektik von denkendem und gedachtem Ich gekennzeichnet. In dieser Dialektik, die sich u.a. in der Sprache manifestiere, ist nach Litt zugleich auch die Dialektik von Allgemeinem und Besonderem enthalten. Diese Kategorien erfaßt Litt als allgemeine, logisch strukturierte Begriffe. Ihre Erkenntnisleistung bestehe sowohl in der Trennung als auch in der Vermittlung von Besonderem und Allgemeinem. Einerseits werde mit ihnen zwar das Besondere vom Allgemeinem unterschieden, andererseits aber auch das Besondere sprachlich bestimmt, d.h. mit allgemein geltenden Begriffen definiert. Die Reflexion zweiten Grades erscheint so als an die Sprache gebunden. Sie bestimmt Litt als das "notwendige Moment in jenem Beziehungsgefüge, das die allgemeine Wahrheit ans Licht hebt" und damit als "Organ" und Medium des reinen Denkens (63). Die Reflexion zweiten Grades bekommt so den Charakter einer Sprachreflexion, welche die Struktur und die Gehalte der konkreten Sprache thematisiert und damit zugleich auch das Wesen der Sprache überhaupt erschließt. Mit Litts Worten: "Die dialektische Einheit des 'konkreten' und des 'reinen' Ich ... offenbart sich auch in dem Organ vergeistigten Seins, das" der Mensch "in Gestalt der Sprache sein eigen nennt. ... Ist es doch unsere eigene Sprache, diese Sprache einer individuellen Sprachgemeinschaft, die uns in ihren konkreten Formeln über das Wesen der Sprache überhaupt Auskunft gibt" (64). In dieser Bestimmung ist die anthropologische Dimension der Sprache bereits mit angesprochen. Indem die allgemeinen Wahrheiten, welche die Reflexion zweiten Grades erschließt, als in der Sprache vollzogene und durch die Sprache gestaltete geistige Gehalte zum Ausdruck gebracht werden, schafft sich der Mensch zugleich diejenigen Formen und Gehalte, die aufgrund ihrer überindividuellen Geltung einen gemeinschafts- und persönlichkeitsbildenden Charakter besitzen und das Individuum prinzipiell befähigen, an dem Erhalt und der Ausgestaltung kultureller Formen und Gehalte mitzuwirken. Diesen anthropologischen Aspekt betont Litt, indem er darauf verweist, daß "jeder Mensch, der sich von dem sprachlichen Leben einer Gemeinschaft ergreifen läßt, ... auch schon in beide Sphären der Gemeinsamkeit aufgenommen und damit sowohl Konkretes zu verlautbaren als auch Allgemeines zu erfassen befähigt und berufen" sei (65).

## 2.3 DIE SELBSTAUFSTUFUNG DER SPRACHE ALS GRUNDLAGE DER DIALEKTISCHEN ERKENNTNISTHEORIE

Diesen in verschiedenen Etappen entwickelten Entwurf zu einer sprachphilosophische Aspekte aufgreifenden systematischen Theorie der aufgestuften Erkenntnis entfaltet Litt in seiner dritten Periode unter geistesphilosophischer Sicht, ohne jedoch den phänomenologischen Ansatz als wissenschaftstheoretisches Konzept mit zu übernehmen. Hierbei gelangt Litt zu einer umfassenderen Analyse der Bedeutung der Sprache für die Erkenntnistheorie als in dem Systementwurf, welchen er in seiner zweiten Periode konzipiert hat. Bei seinem dialektisch ausgerichteten Ansatz zu einer Theorie der aufgestuften Erkenntnis geht Litt nicht von der traditionellen Unterscheidung von Erkenntnis- und Wissenschaftstheorie aus, sondern setzt direkt am wissenschaftstheoretischen Problem des Methodenpluralismus der wissenschaftlichen Erkenntnis an. Dieses Problem entfaltet Litt am Beispiel des cartesianischen Methodenideals. Descartes gehe davon aus, "daß der Gesamtgehalt der Wirklichkeit sich einer einzigen Weise des Denkens" erschließe (66). Einerseits betone Descartes, daß "die Vielgestaltigkeit der Dinge ... durch die Einheitlichkeit des Denkens, das sich auf sie richtet, nicht bedroht, nicht verkürzt, sondern ungeschmälert erhalten, ja recht eigentlich sichtbar gemacht" werde, d.h.: "Mannigfaltigkeit der Dinge trotz Einheit des Denkens" (67). Andererseits stelle Descartes heraus, daß "die Einheit des Denkens ... durch die Vielgestaltigkeit der Dinge, auf die es auftrifft, nicht zerteilt, nicht aufgesplittert werden" könne, d.h.: "Einheit des Denkens trotz Vielfältigkeit der Dinge" (68). Dies setzt nach Litt allerdings voraus, daß "das Denken schon in sich, ohne Rücksicht auf die Welt von Gegenständen, auf die es auftreffen mag, bestimmt und ausgerichtet ist" (69). Wissenschaftliche Erkenntnis sei nach Descartes daher durch die "Einheit der Methode" gekennzeichnet (70). Nach Litt wird jedoch das cartesianische Methodenideal aufgrund der Entwicklung der methodischen Differenzierung der Wissenschaften hinfällig (71). Diese methodische Differenzierung der Wissenschaften ist nach Litt nicht in dem Sinne zu verstehen, "daß jeder einzelne der Seinsbereiche je eine ihm eigens zugehörige Methode für sich hätte" (72). Vielmehr begreift Litt diese Differenzierung als eine methodisch geleitete Aufstufung wissenschaftlicher Erkenntnis, welche von der Detailerkenntnis ausgeht und diese im Zuge ihrer Aufstufung in immer größer werdende Zusammenhänge des Erkenntnisganzen einordnet.

Solche Methoden stellen nach Litt allerdings keine Forschungsinstrumente und -verfahren dar, sondern sind als "die großen irreduziblen Grundrichtungen des welterkennenden Denkens" anzusehen, die Litt auch mit dem Begriff der "logischen Denkformen" bezeichnet (73). Einerseits erfaßt Litt diese logischen Denkformen der wissenschaftlichen Erkenntnis als spezifische Begriffs- und Kategoriensysteme, mit deren Hilfe das Gegebene im Forschungsprozeß vergegenständlicht werden könne, und sieht sie damit im Erkenntnissubjekt begründet. Andererseits aber sind nach Litt diese logischen Denkformen nur insoweit erkenntnistheoretisch relevant, als sie den jeweiligen Forschungsgegenständen entsprechen. Die logischen Denkformen seien daher auch durch das Erkenntnisobjekt bestimmt (74). Diese in den grundlegenden Methoden der Erkenntnis vermittelte Dialektik von Subjekt und Objekt gilt nach Litt für jede wissenschaftliche Erkenntnis. In Anlehnung an den wissenschaftstheoretischen Ansatz seiner zweiten Periode betont er, der experimentell orientierte Forschungsprozeß der mathematischen Naturwissenschaft sei darauf ausgerichtet, den Inhalt von Naturerfahrungen auf Gesetzeszusammenhänge zurückzuführen und die beobachtbaren Phänomene und Prozesse zu quantifizieren. Dieser Prozeß basiere auf der dialektischen Vermittlung von sinnlicher Form und ideellem Sinngehalt in der mathematisch-naturwissenschaftlichen Fachsprache. Aufgrund dieser Dialektik erscheine der Gegenstandsbereich der mathematisch-naturwissenschaftlichen Erkenntnis nicht einfach als in der Sprache abgebildete Realität, sondern werde durch die Sprache erst zu einem Erkenntnisobjekt konstruiert (75). Nach Litt gehen beide Momente, der Sinngehalt und die sinnliche Form, nicht in die mathematisch-naturwissenschaftliche Fachsprache über. Erst durch die Entwicklung ihrer formalisierten Zeichenfunktion gewinne die mathematisch-naturwissenschaftliche Fachsprache eine Relevanz für den naturwissenschaftlichen Erkenntnisprozeß. Die Ausbildung der Zeichenfunktion ist nach Litt an die Identität von sinnlicher und symbolischer Form der Sprache sowie an den formalen Charakter des von ihr artikulierten Sinngehalts gebunden (76). Dies ist bei Litt jedoch nicht in dem Sinne zu verstehen, daß die dialektische Beziehung von sinnlicher Form und unsinnlichem, ideellem Gehalt als Strukturprinzip der Sprache in der formalisierten "Zeichensprache" aufgehoben sei. Vielmehr betont Litt, daß erst der Zusammenhang von symbolischer Form und ideellem Gehalt die Ausprägung der formalisierten Zeichensprache und die Übersetzung von einem formalisierten Zeichensystem in ein anderes möglich mache (77).

Die sprachliche Dimension der mathematisch-naturwissenschaftlichen Erkenntnis bezieht sich nach Litt nicht nur auf die formalisierten Fachsprachen, sondern auch auf die vergegenständlichte Thematisierung der Sprache durch die mathematischen Naturwissenschaften. Den Grund hierfür sieht Litt darin, daß sich "der Vorgang, in dem die sinnliche Form" der Sprache "sich gestaltet", als "ein körperliches, also im Raum stattfindendes Geschehen" begreifen lasse (78). Damit greift Litt einen Ansatz auf, welchen er in seiner zweiten Periode in bezug auf die biologische Anthropologie und Psychologie formulierte, und weitet ihn auf die mathematische Naturwissenschaft aus. Allerdings meint Litt diese zweifache Ausrichtung der sprachlichen Dimension der mathematischen Naturwissenschaft nicht im Sinne eines Universalitätsanspruchs ihrer Erkenntnisbildung. Vielmehr bezieht Litt die Erkenntnisbildung der mathematischen Naturwissenschaft ausschließlich auf die Analyse kausaler Gesetzmäßigkeiten der Naturwirklichkeit. Diese Grenzsetzung gründet sich nach Litt in der Gegenstandsorientierung dieser Wissenschaftsdisziplin. Einerseits könne die mathematische Naturwissenschaft mit Hilfe ihrer Methoden wohl Erkenntnisse über kausale Gesetzmäßigkeiten der Natur gewinnen. Andererseits aber sei sie nicht in die Lage versetzt, den eigenen Erkenntnisprozeß - und damit auch ihre sprachliche Dimension - zu reflektieren, da sie durch die Trennung von Erkenntnissubjekt und -objekt konstituiert werde. Nach Litt ist diese Subjekt-Objekt-Trennung allerdings nicht im Sinne einer bloßen Entgegensetzung zu verstehen. Vielmehr sei die mathematische Naturwissenschaft durch eine Dialektik bestimmt, die sowohl trennende als auch in dieser Trennung verbindende Dimensionen besitze (79).

Diese Dialektik von "Subjekttätigkeit und Objektbeschaffenheit" gilt nach Litt auch für den Erkenntnisprozeß der beschreibenden Naturwissenschaft, die Litt auch als "Lebenswissenschaft" definiert (80). Ebenso wie die mathematische Naturwissenschaft ist nach Litt die beschreibende Naturwissenschaft durch eine zweifache sprachliche Dimension gekennzeichnet. Einerseits sieht er diese sprachliche Dimension in der Wissenschaftssprache der Lebenswissenschaft. Sie begreift Litt wie schon in seiner ersten und zweiten Periode als ein taxonomisches System, das darauf abzielt, mit Hilfe hierarchisierter Kategorien relevante Merkmale von Organismen zu erfassen und daraus Klassen- und Gattungsbegriffe zu bilden, welche die einzelnen Merkmale in einen übergeordneten Zusammenhang integrieren (81). Andererseits sei die sprachliche Dimension der beschreibenden Naturwissenschaften in der Erforschung des organischen Aspekts des Sprachverhaltens zu sehen (82), wobei sich Litt ebenfalls auf den Ansatz seiner zweiten Periode bezieht. Durch den Bezug auf den menschlichen Verhaltensorganismus besitzt das Subjekt-Objekt-Verhältnis der lebenswissenschaftlichen Erkenntnis gegenüber dem der mathematischen Naturwissenschaft einen anderen Bedeutungsgehalt. Ihn kennzeichnet Litt durch eine erweiterte Fragestellung, wobei er sich auf den in seiner zweiten Periode entwickelten wissenschaftstheoretischen Ansatz bezieht. Diese Ausweitung begreift Litt als eine Aufstufung im Erkenntniszusammenhang der Wissenschaften. Aber auch diese - gegenüber der mathematischen Naturwissenschaft - wesentlich weiter reichende Fragestellung ist nach Litt durch keinen Universalitätsanspruch gekennzeichnet. Vielmehr betont er, daß die lebenswissenschaftliche Forschung lediglich "die 'Gleichheit' oder wenigstens 'Ähnlichkeit' der jedesmal ins Spiel tretenden organischen Vorgänge feststellen" könne, nicht aber die darin ausgedrückten Sinngehalte (83).

Diese Sinngehalte erschließen sich nach Litt erst in der "seelenwissenschaftlichen Erkenntnis" (84). Sie ist bei Litt allerdings nicht im Sinne einer einheitlichen Wissenschaftsdisziplin zu begreifen, sondern durch zwei verschiedene Forschungsansätze bestimmt: die Seelenwissenschaft im engeren Sinne, die empirische Psychologie, ferner auch die Soziologie sowie alle anthropologischen Wissenschaften, und die Geisteswissenschaften, die Seelenwissenschaften im weiteren Sinne (85). Ähnlich wie die "Lebenswissenschaft" ist nach Litt die empirische Psychologie sprachlich bestimmt, wobei sich Litt auf den Ansatz bezieht, welchen er in seiner zweiten Periode entworfen hat. Ebenso wie die Fachsprache der beschreibenden Naturwissenschaft erfaßt Litt die Fachsprache der Psychologie als ein taxonomisches System. Aber anders als die Lebenswissenschaft ist nach Litt die Psychologie darauf ausgerichtet, mit Hilfe spezifischer Kategoriensysteme den Bereich des Individuums zu untersuchen, in welchem "der Sinn als solcher erlebt und gestaltet wird" (86). Ihre Aufgabe besteht nach Litt darin, den Sinngehalt von Äußerungen zu bestimmen und die "Seelenvorgänge, in denen Erkenntnis erworben wird", zu beschreiben (87), indem sie "durch Beobachtung, Beschreibung und Vergleich die allgemeinen Grundzüge und Ablaufformen sowie die typischen Abwandlungen des erkennenden Verhaltens ermittelt" (88). In dieser Bestimmung der Psychologie als generalisierende Wissenschaftsdisziplin sei zugleich auch die Relativierung des Geltungsanspruches ihrer Erkenntnis begründet. Zwar gelinge es der Psychologie, spezifische Formen des sinnausdrückenden Verhaltens mit Hilfe taxonomischer Kategoriensysteme etc. begrifflich zu erfassen. Aber sie sei nicht in der Lage, die geistigen Akte des Erkenntnissubjekts zu beschreiben, durch welche diese Verhaltensweisen als sinnausdrückende Akte erscheinen (89).

Auch die Geisteswissenschaften, die "Seelenwissenschaften im weiteren Sinne", sind nach Litt sprachlich bestimmt. Einmal bestehe diese sprachliche Dimension geisteswissenschaftlicher Erkenntnis in ihren Fachsprachen. Sie stellen nach Litt Systeme von "allgemeinen Wortbedeutungen" dar. Diese könnten sich auf allgemeine Bedeutungszusammenhänge beziehen und den Charakter systematisch ausgerichteter Fachsprachen besitzen. Ebenso könnten sie auf besondere Fragestellungen bezogen sein und seien dann als historische Fachsprachen der Geisteswissenschaften zu begreifen (82). Zum anderen sei die sprachliche Dimension der Geisteswissenschaften in ihren Gegenstandsbereichen begründet, die sich als sprachlich gebildete Objektivationen des Geistes bestimmen ließen. Im Gegensatz zu Dilthey und Rickert sieht Litt in den "allgemeinen Wortbedeutungen" geisteswissenschaftlicher Erkenntnis weder das Resultat einer Klassifizierung noch das Ergebnis einer - damit verwandten - auf Induktion basierenden Verallgemeinerung von Einzelerkenntnissen. Gegen solche Erklärungsansätze wendet Litt ein, daß diese die geisteswissenschaftliche Fragestellung nach dem einzelnen Phänomen verfehlen würden, da sie unberücksichtigt ließen, daß klassifikatorisch gebildete Begriffssysteme niemals das einzelne Phänomen in seiner Besonderheit, sondern nur allgemeine Merkmale dieses Phänomens erfassen könnten (90). Dies ergibt sich nach Litt daraus, daß in den geisteswissenschaftlichen Fachsprachen Allgemeines und Besonderes dialektisch vermittelt ist. Diese dialektische Struktur ist nach Litt in der Dimension des Verstehens begründet, durch welche die Geisteswissenschaften eine hermeneutische Ausrichtung erhalten. Die geisteswissenschaftlichen Fachsprachen erfaßt Litt nicht im Sinne einer formalisierten "Zeichenfunktion", sondern kennzeichnet sie durch eine prinzipielle Offenheit gegenüber ihren Gegenstandsbereichen. Dieses Sprachverständnis verdeutlicht Litt am Beispiel einer Analyse des Begriffs "Typus". Den mit diesem Begriff bezeichneten geisteswissenschaftlichen Sinngehalt versteht Litt als ein Allgemeines, das sich im Gegensatz zur naturwissenschaftlichen oder psychologischen Verwendung dieses Begriffs nicht nur auf einzelne Merkmale spezifischer Phänomene, sondern auf das komplexe Phänomen selbst bezieht. Aber in dieser Offenheit gegenüber den Erkenntnisgegenständen der Geisteswissenschaften sei kein Erkenntnisverlust zu sehen. Vielmehr bedeute diese Offenheit geradezu einen Erkenntnisgewinn, da so verschiedene Phänomene in einen Zusammenhang gebracht werden könnten (91).

Zwar gehen nach Litt die Geisteswissenschaften über die auf Formalisierung und Quantifizierung ausgerichteten Fragestellungen der Naturwissenschaften und - in allerdings begrenztem Maße - der Psychologie hinaus. Aber auch in dieser erweiterten Fragestellung ist nach Litt kein Universalitätsanspruch begründet, da die Geisteswissenschaften prinzipiell gegenstandsorientierte Disziplinen seien und nicht die Bedingungen ihrer eigenen Erkenntnisbildung erfassen könnten. Die Möglichkeitsbedingungen wissenschaftlicher Erkenntnis erschließen sich nach Litt erst in der philosophischen Reflexion, welche selber nicht gegenstandsorientiert ist, sondern die vergegenständlichte Erkenntnis analysiert. Diese "noologische Reflexion", wie Litt die philosophische "Wissenschaft vom Geist" bezeichnet, ist nicht nur auf den Vollzug der Erkenntnisbildung, sondern auch auf verschiedene Wissenschaftssprachen bezogen. Ihre Aufgabe bestehe darin, "nicht nur das ideelle Gefüge der Sinngehalte, in denen der Ertrag der Erkenntnis niedergelegt ist, sondern auch das reale Geschehen, durch welches diese Gehalte für den Geist gewonnen werden" zu erfassen (92). Das Ergebnis dieser Reflexion bezeichnet Litt als ein "Wissen um sich selbst" und billigt ihm einen absoluten Geltungsanspruch zu (93). Dies ist jedoch nicht in dem Sinne zu verstehen, daß nach Litt die Noologie unabhängig von der vergegenständlichten Erkenntnis der einzelnen Wissenschaftsdisziplinen fungieren können. Vielmehr betont er, es bestehe eine wechselseitige Abhängigkeit von Gegenstandserkenntnis und noologischer Reflexion, die als dialektische Basis jeder Erkenntnisbildung anzusehen sei (94).

In diesem dialektischen Wechselverhältnis von Gegenstandserkenntnis und noologischer Reflexion ist nach Litt der Strukturzusammenhang der Wissenschaften im Sinne eines aufgestuften Systems der Erkenntnis begründet. Damit grenzt sich Litt von den phänomenologisch ausgerichteten erkenntnistheoretischen Ansätzen von N. Hartmann, M. Heidegger, W. Burkamp und K. Jaspers ab (95). Diese Ansätze sind nach Litt durch die gemeinsame Zielsetzung bestimmt, im Sein selbst den Maßstab des Wahrheitsgehalts wissenschaftlicher Erkenntnis zu suchen. Das aber sei eine fundamentale Fehldeutung des Erkenntnisprozesses. Es werde übersehen, "daß die Erkenntnis erst durch die Methode, erst mit der Durchbildung im Sinne ihres logischen Ideals, zu ihrer Leistungshöhe emporgeführt wird" und ihr Wahrheitsanspruch sich nicht auf ein Etwas beziehe, das außerhalb ihrer selbst liegt, sondern in ihrem Systemzusammenhang begründet ist (96). Im Sinne dieser Kritik ist unter der Wahrheit wissenschaftlicher Erkenntnis eine "Regelung der zwischen den verschiedenen Wissensstufen obwaltenden Beziehungen" bzw. die angemessene "Zusammenstimmung der von Stufe zu Stufe errungenen Einsichten" zu verstehen und damit "'das Ganze', das für sich einsteht und keiner äußeren Stütze bedarf" (97).

Nach Litt bezieht sich die noologische Reflexion auf den Strukturzusammenhang von Erleben, Ausdruck und Verstehen, der die Voraussetzung der geisteswissenschaftlichen Gegenstandserkenntnis darstelle (98). In diesem Strukturzusammenhang sieht Litt die sprachliche Dimension der noologischen Reflexion gegründet, die sich in einer aufgestuften Sprache manifestiere. Diese aufgestufte Sprache, mit der die Noologie ihre Erkenntnisse gewinne, bezeichnet Litt als "Sprache zweiten Grades" (99). In ihr ist nach Litt die "Sprachindividualität" der verschiedenen Fachsprachen, der "Sprachen ersten Grades", prinzipiell "aufgehoben" (100). Diese "Aufhebung" im Sinne Hegels werde auch nicht durch die Aussage widerlegt, "daß es geradezu im Begriff der Sprache liege, individuell zu sein" (101). Vielmehr sei daran festzuhalten, daß dies für jede Sprache gelte und daher diese Aussage einen allgemeinen Charakter habe, durch den sie sowohl bestätigt als auch zugleich überwunden werde. Diese Dialektik ist nach Litt darin begründet, "daß die Sprache ersten Grades, die Sprache, die an der Welt heranwächst und die Welt in sich vollendet, individuell ist bis in die letzte Nuance von Klang und Bedeutung hinein, daß hingegen die Sprache zweiten Grades, indem sie die Sprache ersten Grades in dieser ihrer Eigentümlichkeit kennzeichnet, die in dieser Kennzeichnung aufgewiesene Grenze selbst überwindet" (102). Die "Überwindung" und "Aufhebung" der Sprache ersten Grades durch die Sprache zweiten Grades ist nach Litt jedoch nicht im Sinne einer Ablösung der philosophischen Erkenntnis zu verstehen. Vielmehr betont Litt, es bestehe ein struktureller Zusammenhang zwischen der Sprache ersten und zweiten Grades, der dadurch begründet werde, daß die Sprache zweiten Grades sowohl hinsichtlich der Bedeutungsebene als auch bezüglich ihrer symbolischen Formen an die Sprache ersten Grades gebunden sei (103). Das Verhältnis dieser beiden Sprachen ist nach Litt durch einen "in der Sprache selbst" liegenden "Auftrieb vom Aussprechen des Individuellen zum Aussprechen des Prinzips der Individualität" bestimmt (104). Die übergreifende Funktion der Sprache bezieht sich nach Litt nicht nur auf die begriffliche Bestimmung der Erfahrungs- und Erkenntnisgegenstände, sondern auch auf die vergegenständlichte Sprache selbst. Den Prozeß der Übergreifung und Aufstufung der Sprache sieht Litt erst dann als abgeschlossen an, "wenn die Sprache in ihrer Selbsterhellung an dem Punkt angelangt ist, an dem ihr eben das Faktum ihrer Selbsterhellung zum Gegender Verlautbarung wird" (105).

In dieser Bestimmung der Selbstaufstufung der Sprache als Grundlage wissenschaftlicher und noologischer Erkenntnis ist ihre anthropologische Dimension begründet. Sie ergibt sich daraus, daß die Sprache ersten Grades eine welterschließende Funktion insofern besitzt, als alle Erfahrungen und Erkenntnisse, welche der Mensch mit und von seiner natürlichen und mitmenschlichen Umwelt gewinnt, im Medium der Sprache vollzogen und durch sie gestaltet werden. Und zugleich setzt die Sprache den Menschen in die Lage, diesen Zusammenhang reflexiv zu erfassen, indem sie als Sprache zweiten Grades auf den Prozeß der Welterfahrung und -erkenntnis bezogen ist, und erschließt ihm dadurch die Möglichkeit selbstbestimmten Handelns. Diese Bestimmung von Sprache als geistige Kraft, in der Welterfassung und -gestaltung und Selbstbildung des Einzelnen dialektisch vermittelt sind, ist in dem ersten erkenntnistheoretischen Ansatz von Litt mit dem Begriff der "kulturbiologischen Funktion des Verstehens" nur in bezug auf das Verhältnis von Individuum und Gemeinschaft angedeutet. In den nachfolgenden Schriften bis 1933 verweist Litt ebenfalls auf diese Dimension der Sprache, wobei er die individuierende und die gemeinschaftsbildende Funktion der Sprache in ihrer Aufstufung als Sprache des reinen Ich bzw. als Sprache der Reflexion zweiten Grades unter Berücksichtigung der Herderschen Sprachphilosophie entfaltet. In den späten geistesphilosophischen Schriften findet diese Bestimmung eine Präzisierung und Ausweitung vor allem in bezug auf das Verhältnis von Mensch und Welt.

Mit dieser Interpretation erhält die von Huschke-Rhein entwickelte These, daß Litt "seine wissenschaftstheoretischen Basisentscheidungen in dem Zeitraum von 1918 bis 1928 getroffen" habe und "... diese Basisentscheidungen auch noch den Schriften seines Spätwerks zugrunde liegen", eine wichtige Modifizierung (106). Es trifft zwar zu, daß Litt vor allem in den Schriften, die hier der zweiten Periode zugerechnet werden, seine erkenntnistheoretischen Grundpositionen entwickelt hat und von ihnen in seinen späten Schriften nicht inhaltlich abgerückt ist. Aber der Hinweis, daß diese Entwicklung 1928, dem Erscheinungsjahr von *Wissenschaft, Bildung, Weltanschauung*, prinzipiell abgeschlossen sei, läßt sich vor allem unter dem Aspekt des Zusammenhangs von Sprachphilosophie und Erkenntnistheorie im Werk Litts nicht bestätigen. Vielmehr muß davon ausgegangen werden, daß Litt in seiner Auseinandersetzung mit der Sprachphilosophie Herders wesentliche Momente der Theorie der aufgestuften Erkenntnis gewinnt und diese in der Abhandlung *Einleitung in die Philosophie*, die 1933 zuerst veröffentlicht wird, zu einem systematischen Entwurf durchbildet. Die zweite Periode erscheint so als die Phase, in welcher Litt seine erkenntnistheoretischen Grundpositionen in ihrer thematischen Struktur vorlegt, die auch seinen späten geistesphilosophisch ausgerichteten Werken zugrunde liegen.

# 3 DIE ANTHROPOLOGISCHE DIMENSION DER SPRACHPHILOSOPHIE LITTS

Im Unterschied zu der erkenntnistheoretischen Fragestellung, die von Litt im Laufe seines Werks immer wieder aufgegriffen und entsprechend seiner jeweiligen Position in spezifisch wissenschaftstheoretischen Abhandlungen thematisiert wird, erörtert er sprachphilosophische Problemstellungen primär im Zusammenhang mit seinen kulturphilosophischen und geistesphilosophischen Werken. Dabei ist eine Schwerpunktsetzung in seinem Spätwerk zu verzeichnen, die dazu geführt hat, die Sprachphilosophie Litts vor allem aus seinen geistesphilosophischen Schriften zu ermitteln, wie aus der Darstellung der Forschungsliteratur im Einleitungskapitel ersichtlich ist. Eine genaue Analyse der frühen kulturphilosophischen Schriften Litts macht jedoch deutlich, daß das Problem der Sprache in seiner grundlegenden Bedeutung sowohl für die Selbstwerdung des Individuums als auch für alle seine Bezugsformen zu seiner natürlichen und sozialen Umwelt auch dort einen zentralen Stellenwert besitzt. Diese Bedeutung, welche Litt der Sprache für das Verhältnis von Individuum, Gemeinschaft und Welt zuerkennt, erlaubt es, von einer anthropologischen Dimension seiner Sprachphilosophie zu handeln, auch wenn Litt in den frühen Schriften den Begriff "Anthropologie" für diesen Zusammenhang nicht explizit verwendet. Als berechtigt erscheint dieser begriffliche Zugang zum philosophischen Werk Litts vor allem, wenn der Zusammenhang zwischen den frühen kulturphilosophischen und den späteren geistesphilosophischen Ansätzen Litts reflektiert wird. Auf diesen thematischen Zusammenhang weist Litt in seinem als philosophische Anthropologie bezeichneten Werk *Mensch und Welt* ausdrücklich hin, indem er betont, daß die dort entfalteten Untersuchungen auf Ansätzen basierten, welche er in seinen früher entstandenen kulturphilosophischen Schriften vorgelegt habe (1). Dem entspricht, daß Litt mehrfach bei der Erörterung anthropologischer Themen auf Ausführungen zurückgreift, welche er in seinem in der dritten Auflage 1926 erschienenen Werk *Individuum und Gemeinschaft* und in seiner zuerst 1930 veröffentlichten Abhandlung *Kant und Herder als Deuter der geistigen Welt* sowie in seiner 1933 in erster Auflage publizierten *Einleitung in die Philosophie* unter teilweise allerdings veränderter Perspektive vorgelegt hat (2). Allerdings ist mit diesem Verweis auf den thematischen Zusammenhang von Kulturphilosophie, Geistesphilosophie und anthropologisch ausgerichteter Sprachphilosophie nicht gemeint, daß Litt diese Fragen im Laufe seines Werks nicht in unterschiedlicher Weise behandelt hätte. Dies erhellt sich, wenn diejenigen Passagen der Schriften Litts untersucht werden, in denen das Phänomen Sprache entweder in grundsätzlicher oder in nur illustrativer Weise behandelt wird. Beide Aspekte sollen im folgenden untersucht werden, wobei entsprechend der methodischen Grundlage dieser Darstellung diejenigen Werke im Mittelpunkt stehen, in denen Litt seine ersten, seine mittleren und seine späten Ansätze zu einer Sprachphilosophie vorgelegt hat.

## 3.1 DIE SPRACHE ALS SOZIALES GRUNDPHÄNOMEN

In dem Vermittlungsentwurf von Struktursoziologie und Ethik, welchen Litt in der ersten Auflage von *Individuum und Gemeinschaft* entfaltet, entwickelt er einen Ansatz, welcher die Sprache im Sinne seiner Strukturtheorie unter kulturtheoretischer Sicht zu erfassen sucht. Zwar gebraucht Litt hierbei - wie bereits schon festgestellt wurde - nicht den Begriff "Anthropologie". Aber er sieht die Frage nach den gesellschaftlichen Funktionen der Sprache an die Frage nach ihrer Bedeutung für das Individuum gebunden. Einerseits erkennt Litt in der Sprache die entscheidende Grundlage jeder Kulturgemeinschaft. Andererseits erfaßt er die Sprache auch als Produkt der Sprachgemeinschaft, das für den Einzelnen sowohl eine individualisierende als auch eine sozialisierende Funktion besitzt. In diesem Sinne betont Litt in seinem 1919 erscheinenden Werk *Individuum und Gemeinschaft*: "... das soziale Grundphänomen der Sprache zeigt in seinem Werdegang eben die soziale Verschränkung aufs stärkste wirksam, es beruht auf demjenigen Wirkungszusammenhang, kraft dessen eine über alles individuelle Planen und Wollen hinübergreifende Eigengesetzlichkeit der Gesamtentwicklung die individuelle Spontaneität nicht nur nicht auslöscht, sondern unausgesetzt in Tätigkeit setzt" (3). Die kulturtheoretischen und die anthropologischen Aspekte der Sprachphilosophie Litts erscheinen so als wechselseitig miteinander verbunden. Daher ist es möglich, die kulturphilosophische Behandlung der Sprache bei Litt unter einer anthropologischen Sicht darzustellen, welche die kulturtheoretischen Implikationen dieses Ansatzes mit erfaßt.

Die Ausgangsfrage der 1. Auflage von *Individuum und Gemeinschaft*, in der Litt den kulturphilosophischen Ansatz seiner ersten Periode vorlegt, läßt sich folgendermaßen formulieren: Ist das gesellschaftliche Handeln durch "Einzelwille", d.h. durch Absichten und Entscheidungen einzelner Persönlichkeiten, Gruppen, Parteien etc., oder durch den "Gesamtwillen" aller Mitglieder einer Gemeinschaft bestimmt? Die aktuelle Motivation entnimmt Litt den Diskussionen über Ursache und Auswüchse des 1. Weltkrieges. Das dieser Fragestellung zugrunde liegende Problem hat nach Litt aber einen grundlegenderen Charakter. Es ergibt sich nach Litt aus der zunehmenden Vermassung der Gesellschaft im 19. und 20. Jahrhundert. Im Unterschied zu den in allen Epochen auftretenden Massenaktionen, bei denen eine große Zahl von Individuen mit Hilfe direkter Kommunikation ihre Ziele verfolgen könnten, ist nach Litt die moderne Massengesellschaft durch die Entwicklung von Kommunikationsmitteln und Organisationstechniken gekennzeichnet, die es erlauben, eine unbegrenzte Anzahl von Menschen über alle räumlichen Grenzen hinweg zur Masse zu formieren. Mit dieser Entwicklung habe sich auch die Qualität des gesellschaftlichen Phänomens der Masse verändert. Während die Masse früher ein mechanisches "Aggregat isolierbarer Einzelbestandteile" gewesen sei, werde sie jetzt "zu einem in steter Wechselwirkung die Glieder verbindenen Organismus" (4). Die Masse gewinne so eine soziale Eigenständigkeit, die sich u.a. in der Fähigkeit ausdrücke, "sich gemeinsame Ziele zu setzen und zu Erreichung dieser Ziele zweckentsprechend zu handeln" (5). Durch die Entwicklung der neuen Massenform ist, wie Litt herausarbeitet, das Verhältnis von Einzel- und Gesamtwillen komplizierter und undurchschaubarer geworden. Zwar kann sich jeder Einzelne jetzt aktiv an der Gestaltung des Gesamtwillens beteiligen. Aber zugleich erfährt sich das Individuum durch die Gemeinschaft entscheidend bestimmt, ohne daß es die Dimensionen von Freiheit und Eingebundenheit in dem Wirkungszusammenhang von individuellem und gemeinschaftlichem Handelns von einander zu differenzieren vermag.

Bei der Klärung dieses Problemzusammenhanges geht Litt von einer Begriffsbestimmung der Individualität aus. Unter "Individualität" versteht Litt eine "in sich geschlossene, ungeteilte und unteilbare Einheit" (6). Dieser Begriff von Individualität wird auch dadurch nicht entkräftet, daß der Mensch viele Eigenschaften, Fähigkeiten und Handlungsmöglichkeiten besitzt, die sich voneinander unterscheiden. Die Vielzahl der Eigenschaften und Fähigkeiten des Menschen ist, so Litt, nicht im Sinne einer bloßen Aneinanderreihung einzelner Merkmale und Phänomene zu verstehen. Vielmehr kommt darin stets die je eigene Persönlichkeit des Individuums zum Ausdruck. Das "Wesen der Individualität" läßt sich daher als "innere Einheit und Einzigkeit" bestimmen (7). An diese Bestimmung der Struktur von Individualität stellt Litt die Frage, ob nicht diese Merkmale eine umfassende gesellschaftliche Integration des Einzelnen verhindern. Litt knüpft daran weitere Fragen an, wie z.B., ob die innere Einheit des Individuums, welche sich aus dessen Persönlichkeit ergebe, es nicht erschwere, daß gesellschaftliche Werte, Verhaltensweisen etc. bruchlos übernommen werden; und ob nicht die Einzigartigkeit des Individuums den Beziehungen der Menschen untereinander zuwiderlaufe. Diese Fragen erhalten nach Litt dadurch an Bedeutung, daß soziale Zusammenschlüsse von Menschen nur insofern möglich sind, als ihre Mitglieder Beziehungen zueinander unterhalten und bestimmte Werte, Einstellungen etc. der Gemeinschaft übernehmen. Daher stelle sich das grundsätzliche Problem, "wie und mit welchen Mitteln" soziale Gemeinschaften entstehen (8). Dieses Problem erhält nach Litt dadurch an Gehalt, daß gesellschaftliche Verbände keine äußeren Aggregate von Menschen darstellen, die lediglich nach spezifischen Merkmalen zusammengestellt sind, sondern "einzig und allein auf Grund der geistigen Beziehungen, die sich zwischen" ihnen "herstellen", entstehen ( 9). Solche Beziehungen lassen sich nach Litt nicht unmittelbar aufnehmen, sondern sind nur insofern möglich, als sie mit Hilfe spezifischer Ausdrucksformen realisiert werden, die selber keinen geistigen Charakter besitzen, sondern als "Medium der äußeren Welt, die die gemeinsame Umgebung der Individuen bildet und durch die Sinne sich ihnen in gleicher Weise erschließt", den geistigen Gehalt versinnlichen (10). Diese sinnlichen Ausdrucksformen des Geistes, die Litt auch als "Kundgebungen" bezeichnet, seien "Blick, Miene, Gebärde, Symbol, Bild, Sprache, Schrift" (11). Mit ihnen werde Geistiges sinnlich umgesetzt und gewinne so einen "objektiv-gegenständlichen Charakter" (12). In der Vergegenständlichung der Kundgebungen ist es nach Litt begründet, daß niemals die umfassende Bedeutung, sondern nur der reine Sachgehalt ausgedrückt werden kann. Die Reduktion seelischen Erlebens sieht Litt jedoch nicht als das entscheidende Merkmal des kundgebenden Aktes an. Vielmehr betont Litt, daß die eigentliche Bedeutung der Kundgebung im Umsetzen eines geistigen Gehalts in sinnliche Ausdrucksformen liege. In diesem Umsetzungsprozeß drücke sich die kreative "Spontaneität der Persönlichkeit" aus (13). Nach Litt ist der Akt der Kundgebung, durch welchen "der Geist die Individuen vergesellschaftet", grundsätzlich auf den Akt des Verstehens bezogen (14). Auch diesen Akt erfaßt er nicht im Sinne einer bloßen Inhaltsrezeption des ausgedrückten Bedeutungsgehalts, sondern ebenfalls als eine Umsetzung, welche die persönliche interpretative Kraft des Individuums zur Voraussetzung hat. Auf diese Bestimmung weist Litt hin, indem er betont, daß das Verstehen - sofern es eine soziale Funktion besitze - nicht darauf bezogen sei, "nur den sachlichen Sinn der Ausdrükke, Sätze, Mitteilungen" zu erfassen, "sondern vor allem die Menschen selbst, die alles dies aus sich heraussetzen" (15). Das Verstehen erscheine daher ebenso wie der Akt der Kundgabe als ein schöpferisches Gestalten, "in dem das seelische Leben sich zu höchster Aktivität steigert" (16). In diesem wechselseitig aufeinander bezogenen und miteinander verschränkten Zusammenhang von Kundgebung und Verstehen erkennt Litt die Grundlage dafür, daß sich der Mensch selbst gestalten und in seinen mit Hilfe sinnlicher Formen ausgedrückten geistigen Akten produktiv erfahren und bewähren kann. Bezogen auf die Sprache als "die vollkommenste, schattierungsreichste Form" der Versinnlichung des Geistes bedeutet dies, daß sie eine konstitutive Bedeutung sowohl für die Selbstwerdung des Individuums als auch für die Genese und Ausgestaltung der Gemeinschaft besitzt.

Auf den letztgenannten Aspekt geht Litt im Anschluß an die Strukturanalyse des Zusammenhangs von kundgebenden und Verstehensakten ein. Auch hier hebt Litt die für den Prozeß der Sozialisierung - diesen Begriff verwendet Litt - konstituierende Spannung zwischen Individuum und Gemeinschaft hervor, so daß erneut der Zusammenhang zwischen gesellschaftsbildenden Funktionen der Angleichung des Individuums und "Besonderungsfunktionen" der Vereinzelung des Menschen deutlich wird. Hierbei geht Litt von einer Strukturanalyse der "reinen Bedeutungen" von Sachzusammenhängen aus, welche er als "dasjenige, was unabhängig von allen seelischen Bewegtheiten, allen subjektiven Tönungen, allen Zufälligkeiten des Augenblicks den 'idealen Sinn' des Satzes, der Mitteilung, des Ausdrucks überhaupt ausmacht", kennzeichnet und sowohl durch eine individuelle als auch durch eine soziale Dimension bestimmt sieht (18). Der soziale Aspekt solcher reinen Bedeutungen ist nach Litt in der generellen Gültigkeit zu sehen, welche diese für alle Mitglieder der Gemeinschaft haben. Die individuelle Dimension besteht nach Litt darin, daß objektive Bedeutungszusammenhänge unabhängig ihres allgemeingültigen Aussagengehalts stets an subjektive Assoziationen, Vorstellungen, Eindrücke etc. gebunden sind. Die durch Akte der Kundgebung und des Verstehens realisierten geistigen Beziehungen zwischen Individuen kennzeichnet Litt demgemäß im Sinne eines "Ineinanderwirken ... einer sozialisierenden und einer individualisierenden Tendenz" (19). Nach Litt sind diese ineinander wirkenden Funktionen der Individualisierung und Sozialisierung vor allem in geschlossenen Kreisen von Familien, Kameraden, Mitarbeitern, Parteigenossen etc. ausgeprägt (20). In ihnen würden die Individuen vielfältige und intensive Beziehungen zueinander pflegen können. Je nach Intensivität und Dauer dieser Beziehungen bildeten sich in solchen geschlossenen Kreisen "gewisse Grundrichtungen des Denkens, Urteilens und Verhaltens" heraus, die für die betreffende Gruppe einen allgemeingeltenden Charakter besitzen (21). In dieser "Loslösung" des Geistigen "aus dem Wechselverkehr vergesellschafteter Subjekte" erkennt Litt den "objektiven Geist" manifestiert, wobei er sich - ohne dies anzugeben - an die Diltheysche Interpretation dieses Hegelschen Begriffs orientiert (22). Der objektive Geist ist nach Litt jedoch nicht nur durch eine vergesellschaftlichende Funktion bestimmt. Zugleich besitze er eine individualisierende Dimension, welche sich in zwei Formen ausdrücke. Die erste Form ergebe sich aus der Übernahme allgemeiner Werte und Einstellungen. Das Akzeptieren der in der jeweiligen Gruppe eingeführten Handlungsorientierungen bedeute nicht eine Aufgabe individuellen Handelns, sondern gebe diesem nur eine bestimmte Richtung, innerhalb derer sich der einzelne kreativ entfalten könne. Die zweite individualisierende Form ergebe sich, wenn die bisher geltenden Grundwerte und Einstellungsmuster bewußt verändert werden. Diese beiden Formen, denen Litt allerdings eine unterschiedliche Bedeutung für den Werdeprozeß des Individuums einräumt, bezeichnet er als "die ausgestaltende und die umgestaltende Individualisierung" (23).

Als grundlegend für den Prozeß von Sozialisierung und Individualisierung sieht Litt die Familie an, die er als "die Keimzelle der Gesellschaft" begreift (24). Die Integration des Kindes in die Gesellschaft und seine Individualisierung im Rahmen familialer Erziehung ist nach Litt verschiedenen Entwicklungen unterworfen. In der ersten Phase der frühkindlichen Entwicklung sind nach Litt sozialisierende Prozesse nur begrenzt wirksam, da die soziale Umwelt nur in Form sinnlicher Eindrücke auf das Kind einwirke und das Kind lediglich mit "unwillkürlichen Reflexbewegungen" darauf reagieren könne (25). Nach Abschluß dieser Phase setze eine Entwicklung ein, in der das Kind immer mehr erfassen kann, daß sich alles Unsinnliche in Sinneseindrücken darstellt, und in der das Kind lernt, "seinen eigenen Körper zur Mitteilung eines Inneren zu benutzen" (26). Bereits in dieser Entwicklungsphase sieht Litt eine vergesellschaftlichende und eine individualisierende Funktion wirksam werden. Zwar seien die vermittels der Sinnesorgane und der Reflexbewegungen erreichten Verständigungen durch einen "unpersönlichen, unindividuellen Charakter" gekennzeichnet (27). Aber je intensiver der Sozialisierungsprozeß das Innere des Kindes erfasse, desto stärker trete das individuelle Moment auf, das in den Kundgebungs- und Verstehensakten vollzogen werde, und das zur Gestaltung individueller Willensäußerungen und der individuellen Vernunft des Kindes führe (28). Diese Entwicklung, welche gleichzusetzen sei mit der Umwandlung von natürlichen, unvermittelten Beziehungen in geistige Verbindungen, erhält nach Litt ihre umfassende Bedeutung und "Kraft" dadurch, daß von Anfang an "der objektive Geist der großen Gemeinschaft" die Beziehung zwischen Kind und Familie durchwirkt (29). Dieser Wirkungszusammenhang begründet sich nach Litt darin, daß die Familie nicht als isoliertes soziales Gebilde zu begreifen ist, sondern in einer Kulturgemeinschaft lebt und die dort ausgeprägten Wertstrukturen und grundlegenden Handlungsorientierungen aufgreift und konkretisiert. Die Eingliederung des Kindes in die Gemeinschaft und die Ausbildung der Individualität erscheinen so als ineinander verschränkte Prozesse, welche durch die Familie bewirkt werden. Ihre Bedeutung sieht Litt demgemäß darin, den Heranwachsenden in die "Lebensgewohnheiten, Denkweisen, Wertungen (und) Sitten" der Gemeinschaft einzuführen, d.h. ihm die Formen des objektiven Geistes zu erschließen, und ihn dadurch zu befähigen, sich entsprechend seiner individuellen Fähigkeiten und Begabungen sich funktional in die Gemeinschaft zu integrieren (30).

Dieser in der Familie vollzogene Wirkungszusammenhang von gesellschaftlicher Angleichung und individueller Besonderung des Einzelnen erschließt sich Litt paradigmatisch in der Sprache. Die Sprache erfaßt Litt als "eine soziale Erscheinung, die alle Förderungen und Werte, alle Nöte und Spannungen des gesellschaftlichen Lebensprozesses ... in sich verkörpert", und begreift sie als "das soziale Grundphänomen im menschlichen Geistesleben" (31). Zur Verdeutlichung dieses Sprachverständnisses verweist er auf den geschichtlichen Entstehungsprozeß der Sprache. Entscheidend sei für ihre Entwicklung "das Bedürfnis, die Mannigfaltigkeit seelischer Inhalte durch einen immer vollkommeneren Ausdruck mitteilbar zu machen" (32). Dieser sich über große Zeiträume erstreckende Prozeß sei "durch die gemeinsame ineinandergreifende Arbeit ungezählter Generationen" bestimmt (33) und lasse die Sprache als ein organisch gewachsenes Ganzes erscheinen. Die Genese und Ausprägung der Sprache erschließt nach Litt das Prinzip der sozialen Verschränkung als Zusammenhang von überindividueller Eigengesetzlichkeit und individueller sprachschöpferischer Leistung, welche als wechselseitig aufeinander bezogene Momente auf die Gemeinschaft als Grundlage und Resultat geistiger Gehalte verweisen. Die Etappen der Sprachentwicklung sind deshalb nach Litt besonders geeignet, die Genese und Ausprägung des objektiven Geistes zu verdeutlichen. Die ständig fortschreitende Entwicklung des objektiven Geistes, welche darauf beruhe, daß von Individuen "immer neue Beiträge an objektiviertem Geistesgut" hervorgebracht werden, ist nach Litt daran gebunden, daß sie mit Hilfe der in der Sprache grundgelegten allgemeingültigen und -verständlichen Formen ausgedrückt und gestaltet werden. Die Sprache erfaßt Litt demgemäß als die entscheidende Voraussetzung dafür, daß sich "die verschiedenartigsten Objektivationssysteme des menschlichen Lebens" ausbilden können (34). Dies ist nach Litt darin erkennbar, daß die gesellschaftlichen Bereiche, in denen sich der objektive Geist manifestiere, wie "Staat, Wirtschaft, Religion, Wissenschaft, Kunst usf.", durch spezifische Formen "der Verständigung und der Gemeinarbeit" gekennzeichnet seien, die ohne Sprache nicht realisierbar sind (35). Hierbei wehrt Litt die Bestimmung von Sprache als Verständigungsmittel mit dem Hinweis ab, daß diese technologische Definition zwischen Inhalt und Form sowie zwischen Mittel und Zweck unterscheide und der Sprache lediglich einen inhaltslosen, funktionsspezifischen Stellenwert einräume. Dieses aber treffe auf die Sprache nicht zu. Sie sei ein geistiges Phänomen, das gegenüber ihren Inhalten keine bloß äußerlich bleibende Ausdrucks- oder Vermittlungsfunktion habe. Vielmehr besitze sie in ihren Worten und Wortverbindungen einen "idealen Bedeutungsgehalt" (36). Mit diesem Gehalt bestimme sie den auszudrückenden Gedanken wesentlich mit, der nur durch die in der Sprache manifestierten geistigen Formen zum Ausdruck gebracht werden könne. Die Bedeutung, welche Litt der Sprache für die Gemeinschaft zuerkennt, geht demgemäß über ihre mediale und mediatisierende Funktion von Inhalten hinaus und bezieht sich auf ihren grundlegenden Stellenwert für die Genese und Ausprägung kulturellen und sozialen Handelns sowie auf ihre wertbildende und werttradierende Dimension. Darin, daß sich der Geist in der Sprache "eine objektiv feststellbare, gegenständliche und beharrende Form" gegeben habe, begründet sich nach Litt, daß die Sprache grundlegend für die Versinnlichung und Objektivierung des Geistes werde (37). Jedoch sieht Litt darin nicht das entscheidende Moment des objektiven Charakters der Sprache. Vielmehr weist Litt darauf hin, daß die sich in der Sprache manifestierte Objektivität des Geistes sich erst dann erschließt, wenn die Worte und Wortfügungen als geistige Phänomene begriffen werden. Einerseits erfaßt Litt diesen Aspekt, indem er hervorhebt, daß die sprachlichen Formen zu einem Teil geistige Inhalte ausdrückten, in denen die Sprachgemeinschaft "ihren besonderen inneren Gehalt, ihre 'Gesamtindividualität' gesammelt und objektiviert" habe (38). Andererseits weist Litt aber auch darauf hin, daß eine große Anzahl dieser Bedeutungen einen objektiven Charakter besitze, der weit umfassender sei, weil er nicht im Laufe der geschichtlichen Entwicklung der Sprachgemeinschaft aus der individuellen Sprachschöpfung entstanden sei, sondern sich aus der objektiven Gegenstandswelt ergebe. Dadurch führe die Sprache das Individuum nicht nur in die im historischen Prozeß verobjektivierte "Gedanken- und Gefühlswelt" der Gemeinschaft ein, sondern erschließe ihm zugleich auch einen allgemeingültigen, überhistorischen Zusammenhang von Erkenntnissen, welche nicht durch die geistige Arbeit der Gemeinschaft entstanden sei, sondern vielmehr von ihr entdeckt und gefunden worden sei. In diesem sich in der Sprache manifestierenden Bedeutungsgehalt sieht Litt die tiefste Bestimmung des objektiven Geistes.

Mit diesem objektiven Charakter der Sprache ist nach Litt zugleich auch eine Reduktion des individuellen Moments der Sprachgestaltung verbunden. Zwar werde die Umgangssprache durch Offenheit gegenüber den sprachschöpferischen Akten des Individuums bestimmt, "so daß auch bei der gewissenhaftesten Einhaltung aller sprachlichen Regelmäßigkeiten die menschliche Individualität auch in einer bestimmten Art zu sprechen, in der Wahl der Worte, der Formung der Sätze in Erscheinung treten kann" (39). Erst recht zeige sich dies bei den Kulturgütern, in denen Dichter das Innerste ihrer Persönlichkeit ausdrücken und damit zugleich auch die Sprache schöpferisch gestalten. Aber nach Litt sind dieser Offenheit der Sprache Grenzen gesetzt, die sich aus der Wechselbezogenheit von seelischen Prozessen und sprachlichen Formen ergeben. Zur Verdeutlichung dieses Gedankens weist Litt auf die Genese von Kundgebungsakten hin. Geistige Prozesse seien ihrem Wesen nach durch "eine unendliche Bewegtheit" gekennzeichnet und brauchten die "beharrende Gegenständlichkeit" sprachlicher Formen, um sich zu spezifischen Gefühlen oder Gedanken ausbilden zu können (40). Zwischen geistigen Prozessen und den geschichtlich gewordenen Formen der Sprache bestehe eine prinzipielle Spannung, welche sich daraus ergebe, daß die ursprüngliche Funktion der Sprache, die Ermöglichung von Kundgebungsakten, einen vergegenständlichenden Akt notwendig mache.In diesem Spannungsverhältnis sei der Grund dafür zu sehen, daß weder das individuelle Erleben noch "der nach Erkenntnis strebende Gedanke" vollständig ausgedrückt werden können, sondern erst in der Auseinandersetzung mit der Sprache eine Gestalt gewinnen (41). In diesem Spannungsverhältnis zwischen Geist und Sprache sieht Litt ein Paradigma des Verhältnisses von Individuum und Gemeinschaft, das in der Erschließung und Aneignung der Sprache von dem Kind mit bewältigt wird.

Der kulturtheoretische Zusammenhang, in den Litt die Erörterungen über die Sprache stellt, ergibt sich aus der strukturtheoretischen Fragestellung, die in *Individuum und Gemeinschaft* verfolgt wird. Dieser Ansatz unterscheidet sich teilweise von dem, welchen Litt in *Erkenntnis und Leben*, dem vier Jahre später erscheinenden erkenntnistheoretischen Hauptwerk der ersten Periode, vorlegt. Während Litt dort die phänomenologische Analyse mit der Rekonstruktionsanalyse Natorps auf lebensphilosophischer Basis zu verbinden sucht, gründet sich der strukturtheoretische Ansatz von *Individuum und Gemeinschaft* nur auf einer Vermittlung von Phänomenologie und Lebensphilosophie und stellt eine Vorform der in *Erkenntnis und Leben* entwickelten Strukturtheorie dar (42).

Im Sinne dieses erkenntnistheoretischen Ansatzes erörtert Litt das Problem "Einzelwille oder Gesamtwille" mit Hilfe von phänomenologischer Analyse und Lebensphilosophie. Die Frage nach den Ursachen gesellschaftlichen und kulturellen Handelns wird so zur Frage nach den Wesensformen und -merkmalen von Individualität und Gemeinschaft und dem Charakter der Beziehungen zwischen ihnen (43). Die phänomenologische Analyse umfaßt dabei nicht nur die Bestimmung des Wesens von Individualität und Gemeinschaft sowie ihrer logischen Zusammenhänge. Vielmehr erstreckt sie sich auch auf die geschichtlich ausgebildeten Lebensordnungen der Individuen, deren Strukturmerkmale sie zu erfassen sucht, um zu Aussagen über die Genese und Ausbildung von Individuum, Gemeinschaft und Kultur zu gelangen. Aus dieser Fragestellung ergibt sich der besondere Stellenwert der Sprache. Sie erscheint einerseits als grundlegende Voraussetzung aller sozialen und kulturellen Zusammenschlüsse von Individuen und andererseits als entscheidend für die Ausbildung der Individualität des Einzelnen. In dieser spannungsvollen Wechselbezogenheit ist der Grund dafür zu sehen, daß Litt in *Individuum und Gemeinschaft* "die Gesellschaft aus der Sprache" und "die Sprache aus der Gesellschaft" zu erklären vermag (44).

## 3.2 ICH UND DU - DIE DIALOGISCHE STRUKTUR DER SPRACHE

In seiner zweiten Periode arbeitet Litt das kulturtheoretische Werk *Individuum und Gemeinschaft* vollständig um. Die Gründe dieser Revision sind in der Veränderung der erkenntnistheoretischen Position und damit zusammenhängend in der Neukonzeption von Kulturphilosophie zu sehen, die Litt in der 2. und 3. Auflage dieses Werks vorlegt. Gegenüber der Strukturtheorie, in der - wie bereits dargestellt wurde - Phänomenologie und Lebensphilosophie transzendentallogisch vermittelt sind, entfaltet Litt jetzt einen phänomenologischen Ansatz, der durch dialektisches Denken bestimmt ist. Diese dialektisch-phänomenologische wissenschaftstheoretische Konzeption führt Litt gegenüber der 1. Auflage von *Individuum und Gemeinschaft* in dreierlei Hinsicht zu einem neuen kulturphilosophischen Ansatz. Der erste Aspekt der Überarbeitung besteht in dem ausschließlich theoretisch orientierten Konzept der Kulturphilosophie. In diesem Sinne betont Litt in dem Vorwort der 2. Auflage, daß die Veränderung der Neuauflage "durch das Bestreben" bestimmt werde, "den Bestand an allgemeinen und grundlegenden Sätzen rein theoretischer Art ... reinlich herauszulösen aus jeder Verflechtung mit solchen Ausführungen, die dem Tag, seinen unmittelbaren Nöten und seinen praktischen Forderungen gehören" (45). Aussagen, die sich auf konkrete und praktische Zusammenhänge beziehen, haben in der 2. und 3. Auflage von *Individuum und Gemeinschaft* nur einen illustrativen Charakter. Der zweite Aspekt der Revision besteht in der Trennung von theoretischen und ethischen Aussagen. Während Litt in der 1. Auflage dieses Werks "Grundfragen der sozialen Theorie und Ethik" erörtert, betont er im Vorwort der 2. Auflage, daß auf alle Ausführungen verzichtet worden sei, "in denen ein auf die Gestaltung des gesellschaftlichen Körpers gerichteter Wille sich bejahend oder verwerfend ausspricht" (46). Der dritte Aspekt der Umarbeitung besteht in der Trennung von kulturphilosophischen und im engeren Sinne struktursoziologischen Ausführungen, die von Litt in der 1. Auflage von *Individuum und Gemeinschaft* entwickelt worden sind. In diesem Sinne hebt Litt in dem Vorwort der 2. Auflage dieses Werks hervor, daß "die neue Fassung insofern den zu bearbeitenden Problembereich" einschränke, "als sie, im Einklang mit ihrer Bestimmung, eine kulturphilosophische 'Grundlegung' zu geben, alle diejenigen Erörterungen ausgeschieden hat, die die Struktur der sich in organisatorischen Formen zusammenfassenden Verbände zum Gegenstand haben" (47).

An diesen grundsätzlichen Änderungen hält Litt auch in der 3. "abermals durchgearbeitete(n) und erweiterte(n) Auflage" von *Individuum und Gemeinschaft* fest (48). Die Überarbeitungen, welche die 3. Auflage erfährt, sind als Präzisierungen sowie als wesentliche Erweitungen und Vertiefungen des kulturphilosophischen Ansatzes zu verstehen, den Litt in der 2. Auflage vorstellt. Sie beziehen sich sowohl auf die methodischen Prämissen der dialektischen Phänomenologie als auch auf die Bedeutung des Dialogs, der als Grundlage des Verhältnisses von Individuum und Gemeinschaft erfaßt wird. Deutlich wird dies bereits am Aufbau der beiden Auflagen. In der 2. Auflage dieses Werks wird zu Beginn der thematischen Erörterungen eine Bestimmung der Beziehung zwischen Ich und Du vorgenommen. Dieses Verhältnis wird als Grundvoraussetzung der geistigen Wirklichkeit und damit als Grundmuster aller geistigen Beziehungen erfaßt, die das Individuum zu seiner Umwelt, zu seinem Dialogpartner und zu seiner Gesellschaft unterhält. Die Phänomene, in denen dialogische Beziehungen vollzogen werden, bestimmt Litt als "Erlebnis, Ausdruck und Verstehen" und analysiert die ihnen zugrunde liegenden Strukturmerkmale. Zwar enthalten diese Ausführungen stets auch Aussagen über die Sprache. Aber eine explizite Erörterung der Bedeutung sprachlicher Formen für dialogische Beziehungen zwischen Individuum, Gemeinschaft und Welt wird nicht explizit vorgenommen. Demgegenüber besitzt die 3. Auflage einen anderen Aufbau. Die thematischen Ausführungen beginnen mit einer Abhandlung über "Ich und Welt". Dort greift Litt zwar auf Ausführungen zurück, welche er im ersten Teil der 2. Auflage unter dem Gesichtspunkt des Ich-Du-Verhältnisses vorgelegt hat. Aber diese haben nun in erweiterter und vertiefter Fassung die Funktion, die Beziehungen zu erläutern, die zwischen Individuum und Welt bestehen. Dieses Verhältnis wird als dialogische Beziehung erfaßt, die auf der Struktur basiert, durch welche das Verhältnis von Ich und Du gekennzeichnet ist. Hierbei begreift Litt zwar ebenso wie in der 2. Auflage "Erlebnis, Ausdruck und Verstehen" als die Phänomene, mit welchen der Dialog vollzogen wird. Aber im Gegensatz zur 2. Auflage hebt Litt jetzt die besondere Bedeutung der Sprache explizit hervor. Sie erfaßt er als das "Telos" aller symbolischen Ausdrucksbewegungen und Verstehensformen des Individuums (49). Dieser sprachanthropologische Ansatz soll im folgenden erörtert werden. Die Darstellung orientiert sich dabei ausschließlich an die 3. Auflage von *Individuum und Gemeinschaft*, da diese von Litt als die verbindliche Fassung seines kulturphilosophischen Werkes gekennzeichnet worden ist (50).

In diesem Werk behandelt Litt in verschiedenen Schritten Genese und Ausformung der geistigen Wirklichkeit. Dabei geht Litt - wie bereits aufgezeigt wurde - von dem Verhältnis von Ich und Welt aus (51). Dieses Verhältnis wird von Litt in seiner Genese untersucht, wobei die "Ausdrucksbewegungen" des Individuums als die erste Form seines Welterlebens erschlossen werden. Die Ausdrucksbewegungen erfaßt Litt als Äußerungshandlungen, in denen die Entgegensetzung von Ich und Welt eine dialogische Struktur annimmt. Ausdrucksbewegungen werden nach Litt nur insofern vollzogen, als "die den Ausdruck entgegennehmende Welt ... ein Entgegenkommen fühlbar macht" (52). Diese dialogische Struktur der Welterfahrung des Individuums erreicht nach Litt in der Ich-Du-

Erfahrung eine Reziprozität, welche sich in den wechselseitig aufeinander bezogenen und gegenseitig ergänzenden Äußerungsakten manifestiert. In dieser reziproken Struktur der Ausdrucksbewegung sieht Litt die Grundlage der "Wesensgestaltung" des Individuums und damit auch die Voraussetzung der geistigen Wirklichkeit. Die Strukturanalyse der Ausdrucksbewegungen führt Litt dazu, zwei genetisch aufeinander aufbauende Formen zu unterscheiden: die "reinen Ausdrucksbewegungen" und die sich daraus weiter bildenden "symbolischen Ausdrucksbewegungen". Gegenüber der reinen Ausdrucksbewegung, welche Litt in dem Sinne erfaßt, daß das Ich in seinem Ausdruck "sich als den mit diesem" Ausdruck "in eins setzenden ausdrückt", seien die symbolischen Ausdrucksbewegungen durch einen gegenständlichen Bedeutungsgehalt bestimmt (53). Diese Unterscheidung verdeutlicht Litt am Beispiel der phänomenologischen Analyse eines nonverbalen, gestisch vollzogenen Kundgebungsaktes: "Äußerlich und für sich genommen ist vielleicht die Armbewegung, in der ich die freudige Bewegtheit einer Bewillkommnung ausschwingen lasse, kaum von derjenigen verschieden, in der ich den Bewillkommneten sich niederzulassen auffordere. Trotzdem sind beide nach ihrer ausdrückenden Funktion grundverschieden. Die eine gibt von der seelischen Verfassung eines Menschen unmittelbar Kunde. Die andere ist, unbeschadet dessen, daß sie vielleicht auch von dieser etwas verrät, ein von dieser seelischen Bewegung völlig unabhängiger Hinweis auf ein Sachliches; ... sie hat einen Symbolcharakter, vermöge dessen sie einen gegenständlichen Sinn in sich 'verkörpert'" (53).

Das Verhältnis von gegenständlichem Sinngehalt und symbolischer Form ist nach Litt allerdings nicht im Sinne einer Unterscheidung zwischen einem geistigen Gehalt und einer äußeren, austauschbaren Form zu verstehen. Vielmehr betont Litt in Anlehnung an seinen frühen sprachanthropologischen Ansatz, einerseits habe die symbolische Bewegung durchaus die Funktion, einen intendierten Sinn zum Ausdruck zu bringen. Andererseits aber sei diese Funktion nicht im Sinne einer gegenüber dem Sinngehalt äußerlich bleibende Vermittlung zu verstehen. Vielmehr erscheine der Zusammenhang zwischen Sinngehalt und symbolischer Vermittlung als "dialektische Einheit von Momenten, die sich, das eine durch das andere, das eine am anderen zu gegenständlicher Bestimmtheit emporarbeiten" (54). Diese "dialektische Einheit ... von sinnlicher Gestalt und sinnhaftem Gehalt" erschließt sich erst in der Sprache in ihrer umfassenden Bedeutung (55). In der Sprache erkennt Litt das Ziel dieser Bewegung, welche von den reinen Ausdrucksbewegungen zu symbolischen Äußerungsakten führt und das Verhältnis von Ich und Du zu einer durch Sinngehalte bestimmten geistigen Beziehung werden läßt. Dieser genetische Prozeß wird von Litt insofern als anthropologisch erfaßt, als er darauf hinweist, daß dieser Vorgang von jedem Heranwachsenden im Laufe seiner Bildungsgeschichte immer wieder erneut vollzogen werde (56).

An der Sprache erschließt sich Litt die Grenzsetzung der Ausdrucksbewegung, durch welche das Verhältnis von Ich und Du eine Spannung erfährt. Diese in der Ausdrucksbewegung strukturell angelegte Grenzsetzung sieht Litt in der "immer weiter gehende(n) und vollständigere(n) 'Versachlichung'", welche bis zur "reinen Verständigung" zwischen Ich und Du führen könne (57). In dieser Hinwendung zum sachlichen Gehalt erkennt Litt zwar eine Distanzierung und Entfremdung zwischen Ich und Du wirksam werden. Aber in dieser Reduzierung des intentionalen Gehalts der Verständigung sieht Litt zugleich die Möglichkeit, einen Dialog zu verwirklichen, an dem alle Mitglieder der Sprach- und Kulturgemeinschaft teilnehmen können. Zudem sei das sachliche Gespräch nicht im Sinne einer Verarmung seelischer Erlebnisse zu verstehen, sondern als prinzipielle Möglichkeit der Selbstverwirklichung des Individuums. Mit Hilfe dieser Gesprächsformen werde das Individuum in die Lage versetzt, sich selbst und anderen gegenüber, differenzierter als es umgangssprachlich möglich sei, auszudrücken und komplexe Zusammenhänge zu erfassen und dadurch am "Ausbau der kulturellen Welt" aktiv mitzuwirken (58). Zudem weist Litt darauf hin, daß die auf reine Verständigung abzielende Erschließung von Sachgehalten nicht die einzige Form der sich in der Sprache gestaltenden symbolischen Ausdrucksbewegung sei. Vielmehr lasse sich in dem persönlichen Gespräch, in welchem "das Ich ... 'sich' gerade dadurch auszudrücken" versucht, "daß es 'etwas' ausdrückt", eine Beziehung zwischen Ich und Du herstellen, welche die individuellen Intentionen und Äußerungsformen aufgreift (44). Diese Dialogform ist nach Litt an das "Verstehen" im engeren Sinn gebunden und durch eine "innere Haltung" bestimmt, "die der im Sinn investierten, durch ihn sich darbietenden Innerlichkeit des 'ausdrückenden' Gliedes Eingang gewährt" (59). Aber diese Zielrichtung auf die intentionalen Äußerungsakte des Dialogpartners stellt nach Litt nur ein Moment des Verstehens dar. Zugleich ist das Verstehen nach Litt auch auf die eigenen Intentionen gerichtet. In dieser reziproken Struktur erkennt Litt eine wesensbildende Kraft. Sie besteht nach Litt darin, daß sich das Ich auf das Verstehen des Du konzentriert und, indem es von sich selbst völlig absieht, sein Innerstes durchformt und gestaltet. Diese bildende Dimension ergibt sich nach Litt aus der Antinomie von "lebendigem Ich und festgewordener Form", welche die Äußerungs- und Verstehensakte als Momente eines ständig in Bewegung begriffenen geistigen Zusammenhanges von Ich und Du erscheinen läßt (60).

Diese Formen des persönlichen Gesprächs zwischen den Individuen stellen nach Litt die ursprünglichen sprachlichen Dialogformen zwischen Ich und Du dar und erscheinen damit auch als Fundament der geschichtlichen Entwicklung des objektiven Charakters der Sprache, aus der sich die "Sachsphäre der Bedeutungen" und damit verbunden der durch Sinnzusammenhänge ermöglichte Zusammenschluß einer Vielzahl von Menschen ergeben (61). Der Sprache erkennt Litt daher auch eine sozialgründende Dimension zu. Sie umschreibt Litt einerseits mit dem Begriff "soziale Verschränkung" und andererseits mit der Kategorie "Sozialität des Sinnerlebens" (62). Während das Prinzip der sozialen Verschränkung "die Struktur der kollektiven Lebenseinheiten" kennzeichne, sei das Prinzip der Sozialität des Sinnerlebens als entscheidendes Strukturmerkmal anzusehen, durch welche den Individuen die zeitlos-ideellen Sinnzusammenhänge erschlossen werden, welche die Kulturgemeinschaft in ihren Kulturgütern ausgebildet hat (63). Beide Strukturprinzipien erfaßt Litt als sowohl miteinander verbunden als auch von einander getrennte Momente, welche in dieser Dialektik die Genese und die Ausprägung der Kulturgemeinschaft bestimmen. Diesen dialektischen Strukturzusammenhang erläutert Litt am Beispiel des Dialogs. Er werde nur dann vollzogen, wenn die von den Dialogpartnern gemachten Aussagen einen allgemeinen Bedeutungsgehalt besitzen, welchen Sprecher und Hörer gleichermaßen nachvollziehen können. Werde der Dialog primär durch die Verständigung über Sachverhalte bestimmt, so sei darin der Aspekt der "Sozialität des Sinnerlebens" zu sehen. Werde dagegen der Dialog durch den Austausch persönlicher Erfahrungen, Meinungen und Eindrücke bestimmt, so lasse sich der Kommunikationsprozeß als "soziale Verschränkung" von Individuen beschreiben. Beide Momente seien in der Sprache dialektisch vermittelt. Dies zeige sich darin, daß einerseits das Gespräch sowohl sachlich als auch persönlich bestimmt sein könne, daß aber andererseits beide Momente im Vollzug des Gesprächs berücksichtigt werden müssen, wenn Mißverständnisse vermieden werden sollen (64).

## 3.3 DIE SPRACHE ALS ORGAN UND MEDIUM DES GEISTES

In seiner dritten Periode behandelt Litt die anthropologische Dimension der Sprache in seinem Werk *Mensch und Welt*, das "Grundlinien einer Philosophie des Geistes" erschließt. In diesem Werk greift Litt des öfteren auf diejenigen philosophischen Abhandlungen zurück, welche er in seiner zweiten Periode verfaßt hat, wie z.B. die 3. Auflage von *Individuum und Gemeinschaft* sowie die monographische Abhandlung *Kant und Herder als Deuter der geistigen Welt* und die systematische *Einleitung in die Philosophie*. Aber während es Litt in diesen Schriften darum ging, die Beziehung zwischen Individuum und Gemeinschaft als Strukturzusammenhang der geistigen Wirklichkeit zu erfassen, reflektiert er jetzt die Frage von Genese und Ausgestaltung der geistigen Realität des Menschen, indem er die dialektische Struktur aufdeckt, welche das Verhältnis von Mensch, Natur und Welt kennzeichnet. Der diesem Ansatz zugrunde liegende Geistbegriff wird von Litt nicht als eine Kategorie verstanden, welche sich zu der der Natur im Gegensatz befindet oder daraus abgeleitet werden könnte, wie es verschiedene Konzepte der philosophischen Anthropologie nahelegen. Vielmehr betont Litt, daß zwischen dem Werden des Geistes und der Ausgestaltung der Individualität des Menschen eine enge Wechselbezogenheit besteht. Das Geistige bestimmt er dabei als das Sinnhafte, das sich in den objektiven Formen und Gehalten, aber auch in den Natur- und Welterfahrungen des Individuums ausdrückt und so einen Zusammenhang zwischen Mensch und Welt herstellen kann, in dem die Gegensätze nicht aufgelöst werden. Diesen Ansatz entwickelt Litt, indem er in verschiedenen Schritten Strukturprinzipien und Wesensformen der Beziehungen analysiert, welche der Mensch zu Natur und Welt unterhält und welche von der Natur und Welt zum Menschen bestehen, um die Aufstufung des Geistes und die dadurch bewirkte "Befreiung der Welt und des Geistes zu sich selbst" zu erfassen.

Zunächst behandelt Litt diejenigen Wesensmerkmale menschlichen

Seins, "die für seine Ganzheit und Selbstgenügsamkeit zu sprechen" scheinen (65). Diese sieht Litt in der Persönlichkeit des Individuums, welche sich im Zuge des Bildungsvorganges zur "Einheitlichkeit und Geschlossenheit" durchgestalte (66), in der Gemeinschaft, in der sich der Mensch einen Kosmos von objektiv geltenden Regeln, Formen und Sinngehalten gegeben habe (67), und in der Naturbeherrschung, durch welche das Individuum zum Subjekt seines Handelns und damit auch seiner Geschichte werde (68). Diese Aspekte besitzen nach Litt jedoch nur eine begrenzte Geltung, da die vertiefte Analyse zugleich auch die "Unganzheit des menschlichen Seins" erschließt. Hierzu führt Litt eingehende Untersuchungen der Gemeinsamkeiten und Unterschiede zwischen tierischen und menschlichen Verhaltensweisen sowie über die Beziehungen zwischen Individuum und Gemeinschaft und zwischen den Gemeinschaften untereinander, aber auch über das Verhältnis des Individuums zur außermenschlichen Umwelt durch.

Insbesondere bei der Untersuchung des Verhältnisses zwischen Individuum und Gemeinschaft greift Litt auf diejenigen Erörterungen zurück, welche er bereits in der 3. Auflage von *Individuum und Gemeinschaft* entfaltet hat, um die Du-Bezogenheit und die Weltangewiesenheit des Einzelnen aufzuzeigen. Diese Erkenntnisse weitet Litt nun dadurch aus, daß er die neuen Resultate der anthropologischen Forschung mit berücksichtigt (69). Hierbei betont Litt, daß der Prozeß der Selbstwerdung des Individuums zu einem geistigen Wesen auf dem dialogischen Ich-Du-Verhältnis basiere, dessen Kennzeichen es sei, daß es die Individualität des Du sowohl zur Voraussetzung habe als auch im Laufe der Beziehung mit ausbilde. Dies begründet sich nach Litt darin, daß das Ich nur insofern seine Individualität entfalten kann, als es ein in sich identisches Du erlebt. Die Erfahrung des Du und die Genese des Ich lassen sich demgemäß als wechselseitig aufeinander bezogene Momente ein und desselben Vorganges begreifen. Für diesen Prozeß hat nach Litt zwar die Sprache eine besondere Bedeutung. Aber Litt wehrt zugleich die funktionale Bestimmung von Sprache als bloßes Medium oder Resultat dieses Geschehens ab und verweist auf ihren geistigen Charakter, welche eine Trennung zwischen Inhalt und Form bzw. zwischen Intention, Gehalt und Funktion unmöglich mache. Der besondere Stellenwert der Sprache in diesem Wirkungszusammenhang von Duerfahrung und Ichfindung ist nach Litt darin begründet, daß die Sprache "ein Gefüge von sinnlich fixierten 'Bedeutungen'" sei, welche über die Situation ihrer Verbalisierung hinaus eine allgemeine, intersubjektive Geltung für alle Mitglieder einer Sprachgemeinschaft besitzen (71). Die in der jeweiligen Sprache manifestierten objektiven Bedeutungen bestimmt Litt im Sinne eines Weltbildes, in dem "alles das eingefangen und als sicherer Besitz festgehalten" sei, "was die weite Welt an Eindrücken, Erfahrungen und Gewißheiten der Gemeinschaft nur je beschert hat" (72). Dieser sich in der Sprache manifestierende objektive Charakter des Geistes, der konstitutiv ist für die Ausgestaltung des Individuums zu einem geistigen Wesen, begrenzt nach Litt die "individuelle Autarkie" des Einzelnen und zeige seine Weltangewiesenheit paradigmatisch auf (73). Den objektiven Charakter des Geistes, der sich in der Sprache in besonderer Weise ausgestaltet, erfaßt Litt dabei nicht im Sinne einer "Umwelt" des Menschen, welche seinen Anlagen oder seiner Befindlichkeit strukturell entspricht, sondern als ihm entgegengesetzten Bereich, der in langwieriger Auseinandersetzung erschlossen und angeeignet werden muß.

Aber dieser objektive Charakter wird von Litt nicht im Sinne eines gegenüber dem Individuum autarken Bereichs begriffen, sondern er betont, daß ebenso wie das Individuum auf die Gemeinschaft grundsätzlich angewiesen sei, auch die Gemeinschaft nur insofern bestehen könne, als sie von jedem einzelnen Mitglied produktiv getragen und geformt werde. Dies verdeutlicht Litt wiederum am Beispiel der Sprache, wobei er sich ebenfalls an die Ansätze anlehnt, welche in seinen früheren Abhandlungen - u.a. in *Kant und Herder als Deuter der geistigen Welt* - vorgelegt hat. Nach Litt ist der objektive Charakter der Sprache nicht nur in den allgemeinen Wortbedeutungen grundgelegt, sondern auch in den Gesetzen, durch welche diese in einen Sinnzusammenhang gebracht werden. Die Gesetze der Sprache stellen nach Litt allerdings kein starres, unbeeinflußbares Regelsystem dar, sondern sind durch eine prinzipielle Offenheit gekennzeichnet. Dies verdeutlicht Litt am Beispiel der Sprechhandlung. Der Vollzug eines Sprechaktes werde zwar durch die Gesetze der Sprache organisiert, sei aber nicht durch diese bestimmt. In gleicher Weise gelte dieses offene Moment für die Regelstruktur der Sprache. Ebenfalls wie die Verwendung und Interpretation einzelner Wörter oder Begriffe seien auch die Regeln der Sprache "in einer unaufhörlichen Bewegung begriffen, die nicht in ihnen selbst vorgesehen ist, sondern durch die forttreibende Energie der sprechenden Individuen zustande kommt" (74). Das sich in der Sprache manifestierende Prinzip der sich ständig ausgestaltenden Objektivität treffe grundsätzlich auf alle geistigen Formen und Gehalte zu, welche die Gemeinschaft im Zuge ihrer Entwicklung ausbildet. Die kulturanthropologische Setzung einer gegenüber dem Einzelnen autarken Gemeinschaft ist daher nach Litt nicht zu begründen.

Und auch die Annahme, daß die Naturbeherrschung des Menschen seine "Ganzheit und Selbstgenügsamkeit" ausdrücke, erweist sich nach Litt als nicht haltbar. Eine solche Sichtweise erfaßt nach Litt ausschließlich diejenigen Beziehungen zur Natur, "die von dem Menschen als persönlichem Selbst mit Bewußtsein erlebt und willentlich ausgestaltet werden", d.h. alle Formen der Naturerkenntnis (75). Naturerkenntnis basiert nach Litt aber nicht auf einer bloßen Subjekt-Objekt-Trennung, nach welcher das handelnde und forschende Individuum den in der Natur vorfindlichen "Stoff" seinen Zwecken entsprechend strukturiert und gestaltet. Vielmehr erkennt Litt, daß die Natur dem forschenden Individuum "eine eigene Bestimmtheit" entgegensetzt, welche die Art und Weise des erkennenden Aktes bestimmt, und sieht darin eine grundsätzliche "Auseinandersetzung mit einem Widerpart", die der Einzelne zu seiner Wesensbildung notwendig brauche (76). Die Naturerkenntnis erfaßt Litt dabei als Resultat einer zunehmenden Vergegenständlichung der Naturerfahrungen, welche sich aus der ursprünglichen Beziehung des Menschen zu seiner natürlichen Umwelt herausentwickelt habe. Diese ursprüngliche Beziehung begreift Litt als einen Lebenszusammenhang, der eine geistige Dimension besitze. Diese Bestimmung erhellt Litt, indem er einen Gedanken aufgreift, welchen er vor allem in seiner *Einleitung in die Philosophie* unter der Kategorie des "Eindrucks" formuliert hat, und den er nun im Sinne einer "Sprache der Natur" systematisch entwickelt (77). Diese "Natursprache" begreift Litt in ihren Auswirkungen analog zu denen, die das Individuum von seinem Dialogpartner erhält, als Eindrücke, durch welche deren Eigenart erfahren werde. Mit Litts Worten: "Es werden ... die 'Eindrücke' der sichtbaren Welt, die 'zu uns sprechen', von uns erlebt als 'Ausdruck' der in ihnen nahetretenden Wirklichkeit" (78). Die sich im Verhältnis von Eindruck und Ausdruck vollziehende "Erlebnisbeziehung" des Menschen zur Natur erschließt nach Litt dem Individuum eine Möglichkeit der Selbstbildung und -gestaltung, welche in der versachlichten Naturerfahrung nicht realisiert werden könne (79). Die Bedeutung, welche die versachlichte Naturerfahrung für den Menschen besitzt, erschließt sich Litt aus der Strukturanalyse des Zusammenhanges von Sinngehalt und sinnlichen Formen. Ihn begreift er auch in bezug auf die Sacherkenntnis der Natur nicht als Mittel-Zweck-Verhältnis, sondern betont im Sinne seiner dialektischen Erkenntnistheorie die wechselseitige Verwiesenheit beider Momente als konstitutive Bedingung des Erkenntnisvorganges. Dies begründet Litt mit dem Hinweis, daß die Sache der Natur keine objektiv vorfindbare Tatsache sei, sondern erst im Vollzug des Erkenntnisprozesses einen Sachcharakter annehme (80). Hierbei räumt Litt der Sprache einen grundlegenden Stellenwert ein. Nur dadurch, daß sich die Sprache von der lebendigen Umgangssprache zur formalisierten Zeichensprache umbilden lasse, ist es nach Litt möglich, Naturerfahrungen aus der Unmittelbarkeit des Natureindrucks zu lösen und begrifflich zu formalisieren. Das Verhältnis von Sinngehalt und sinnlichen Formen in der Sacherkenntnis bestimmt er demgemäß als Zusammenhang zwischen dem "gestalthaft-bedeutungshaften Ausdruck" des Zeichens und dem "gestaltlos-bedeutungslosen" Gehalt des bezeichneten Gegenstandes, welche sich wechselseitig bedingen (81). Hinsichtlich des Zeichencharakters der Sprache bedeutet dies, daß er nur insofern ausgebildet werden kann, als die sprachlichen Formen auf den Gegenstand bezogen werden. Bezüglich des zu formalisierenden Gegenstandes der Natur hat das zur Konsequenz, daß er nur mit Hilfe der Zeichensprache zu einem Erkenntnisobjekt verdinglicht werden kann. In diesem Wechselverhältnis ist nach Litt begründet, daß die Naturwissenschaft das in der Natur Gegebene nicht abbilden, sondern nur umgestalten kann. In diesem in der Sprache vollzogenen Umgestaltungsprozeß, der sowohl durch die Natur als auch durch den geistbestimmten Erkenntnisakt gleichermaßen bedingt wird, erkennt Litt die Bedeutung der Sacherkenntnis für den Selbstwerdungsprozeß des Individuums begründet (82). Sie sieht Litt darin, daß der Mensch sich im Vollzug der Sacherkenntnis zum denkend-handelnden Subjekt seiner Weltgestaltung ausbilden kann. Aber dadurch, daß dies an die von der Natur ausgehenden Erfahrungen und die in ihr strukturell angelegten Voraussetzungen der Sacherkenntnis gebunden sei, ist nach Litt die Auffassung vom Menschen als autarken Naturbeherrscher unmöglich geworden.

Nach Litt ist die Ablehnung des Ganzheitsgedankens nicht im Sinne des Postulats der Ergänzungsbedürftigkeit des Menschen zu verstehen. Dieses Postulat gehe davon aus, daß der Zusammenhang zwischen Individuum und Gemeinschaft sowie der zu dessen natürlichen Umwelt einen funktionalen oder organischen Charakter von aufeinander bezogenen Teilen oder Gliedern besitze. Dies trifft nach Litt jedoch nicht auf das Lebensverhältnis zu, welches der Einzelne zu seiner Mit- und Umwelt unterhält. In dieser Lebensbeziehung sieht Litt es begründet, daß das Verhältnis von Individuum und Welt sowohl positiv, aufbauend als auch negativ, zerstörend gestaltet werden kann. Diese Bestimmung kennzeichnet Litt als "Zweideutigkeit des Menschen und seines Natur- und Weltbezuges" (83). Hierbei räumt er der Sprache einen besonderen Stellenwert ein. Sowohl für das Verhältnis von Ich und Du als auch für die Beziehungen zwischen Individuum und objektivem Geist sowie für die Beziehungen der Gemeinschaften untereinander erfaßt Litt die Sprache als das entscheidende Organ und Medium aller möglichen, positiven oder negativen Intentionen (84). Und auch der menschliche Umgang mit der Natur weise diese Zweideutigkeit auf, wobei sich Litt vor allem auf die Gefahren bezieht, welche von der Ausdehnung der Sacherkenntnis auf alle Gegenstandsbereiche und von den Verwendungsmöglichkeiten der naturwissenschaftlichen Technik für die Zerstörung des menschlichen Lebens ausgehen (85).

Die "Zweideutigkeit des menschlichen Seins" erscheint so als die Grundbestimmung des Menschen, die er bewältigen muß, um er selbst und d.h. ein geistiges Wesen werden zu können. Dabei erhält die Sprache als Organ und Medium des Geistes eine zentrale Bedeutung. Durch sie werde der Einzelne befähigt, zu sich "Ich" sagen zu können und sich einen Sinn zu geben. Dies ist jedoch nur insofern möglich, als es in der Auseinandersetzung mit der Welt geschieht. Die im Medium der Sprache vollzogene Erschließung und Gestaltung der Welt begreift Litt einerseits als Ausbildung der geistigen Kräfte des Individuums. Andererseits wird nach Litt im sprachlich bestimmten vergegenständlichten Umgang mit der Natur, aber auch in den im Eindruck vollzogenen Naturerlebnissen und in deren künstlerischen Gestaltungen die Welt zu dem ausgebildet, was als Möglichkeit in ihr angelegt ist. Die Sprache erweist sich so als Medium der Selbstwerdung des Individuums und zugleich als das der Weltgestaltung. Mit Litts Worten: "In der Sprache vollendet sich wie die Artikulierung des Selbst so erst recht die Artikulierung der Welt" (86).

In dieser Dialektik von Selbst- und Weltgestaltung sieht Litt die Grundlage der Sprachentwicklung, die sich in der Umgangssprache, in der mythischen und der dichterischen Sprache sowie in der Zeichensprache manifestiere, und greift damit einen Ansatz auf, den er bereits in seiner Abhandlung *Kant und Herder als Deuter der geistigen Welt* behandelt hat. Mit den genannten Sprachformen läßt sich nach Litt die Wirklichkeit der Welt in je eigener Weise erschließen. Dies setze allerdings voraus, daß die verschiedenen Sprachformen der Realität, die in ihnen zur Sprache gebracht werden soll, entsprechen. In diesem Akt der Versprachlichung der Welt werde zugleich auch die Sprache mit ausgebildet, indem ihr Sinnzusammenhänge zugeführt werden, die mit neuen Bedeutungen, aber auch mit neuen Symbolen, Begriffen und Bildern erfaßt werden müßten. D.h.: "... im Werden der Sprache" wird "das Werden der Welt auf höherer Stufe fortgeführt" (87). Mit dieser Bestimmung der Sprache, "die an der Welt heranwächst und die Welt in sich vollendet", ist die geistesphilosophische Reflexion der anthropologischen Dimension der Sprache bei Litt jedoch nicht erschöpft. Vielmehr erkennt Litt darin nur ein Moment der Sprache, das er auch als Sprache ersten Grades bezeichnet (88). Unter diesem Begriff erfaßt Litt - wie bereits unter erkenntnistheoretischer Sicht dargestellt wurde - alle Sprachen und Sprachformen, die von der Sprachgemeinschaft im Laufe ihrer Geschichte entwikkelt worden sind. Von diesen individuellen Sprachen abgehoben ist nach Litt die Sprache zweiten Grades (89). Sie kennzeichnet Litt durch eine "übergreifende Funktion", mit deren Hilfe die Sprache sich selbstreflexiv erschließen könne. Dieser Prozeß ist nach Litt erst dann abgeschlossen, wenn die selbstreflexive Erschließung der Sprache im Medium der Sprache zum Ausdruck kommt (90). Die übergreifende Funktion der Sprache erscheint so als mit der übergreifenden Funktion des Geistes identisch.

# 4 DIE BEDEUTUNG DER SPRACHE FÜR DIE PÄDAGOGIK LITTS

## 4.1 DER STELLENWERT DER SPRACHE IM ENTWURF DER KULTURPÄDAGOGIK

In seiner ersten Periode entwickelt Litt den Entwurf einer Kulturpädagogik, in der er die kulturphilosophischen Grundlagen der erziehungswissenschaftlichen Theorienbildung zu ermitteln sucht und eine strukturtheoretische Analyse des Erziehungs- und Bildungsprozesses vornimmt. In einer ersten Form wird dieser Ansatz von Litt in seinem 1918 erscheinenden Aufsatz *Eine Neugestaltung der Pädagogik*, der zuerst mit dem Titel *Deutsche Erziehungsaufgaben* im gleichen Jahr publiziert wird, skizziert (1). Ausgangspunkt des programmatischen Entwurfs der Kulturpädagogik ist die Beobachtung, daß der früher bestehende Zusammenhalt zwischen dem Erziehungswesen und dem Kulturganzen der Gemeinschaft gefährdet sei, da sich die Kulturgebiete zunehmend differenzierten und verselbständigten und in unterschiedlicher Weise Einfluß auf das Erziehungswesen nehmen würden (2). Diesen Tendenzen entgegenzuwirken, sieht Litt als die Aufgabe der neu zu begründenden systematischen Kulturpädagogik an. Dabei geht Litt von zwei aufeinander bezogenen Zielsetzungen aus. Die erste Aufgabe der Kulturpädagogik sieht er darin, das lebendige "Ganze der nationalen Kultur" im Sinne einer "Gesamtübersicht" zu erfassen, welche die geschichtliche Entwicklung der verschiedenen miteinander verflochtenen Kulturbereiche berücksichtigt, um "das System der nationalen Bildung" in seiner Eingebundenheit in das Kulturganze reflektieren zu können (3). Diese historische Betrachtung der Gegenwartslage von Kultur und Erziehung sieht Litt an "deutende" und zielsetzende "Leitideen" gebunden, da nur so "die innere Einheit" der sich vordergründig als isoliert darstellenden Kultursysteme der Gemeinschaft in den Blick geraten könne (4). Die Pädagogik erhält damit eine kulturphilosophische Dimension, welche Litt als "philosophisch" orientierte "Geschichtstheorie" bestimmt (5). Die zweite Aufgabenstellung der Kulturpädagogik ist nach Litt auf diese historisch zu deutende und philosophisch zu bewertende Gegenwartsanalyse bezogen. Sie besteht darin, die Entwicklungstendenzen der Gesamtkultur einer Gemeinschaft pädagogisch zu gestalten, wobei die reale Gegebenheit des Erziehungswesens und die vorliegenden und erprobten Bildungsgüter die Grundlage dieser Bemühungen darstellen. Die historische Analyse des Erziehungswesens und der Bildungsgüter erfaßt Litt ebenso wie die geschichtstheoretische Betrachtung des Kultursystems darauf bezogen, die Leitideen der kulturellen Gesamtentwicklung zu ermitteln und aus ihnen "die Bildungswege und Bildungseinrichtungen" als "organische Einheit" zu gewinnen (6). Den auf diese Weise erzielten Erkenntnissen über die historisch bedingte Gegenwartslage und den in ihr eingelagerten Entwicklungsmöglichkeiten räumt Litt eine besondere Bedeutung für die pädagogische Praxis ein. Hierbei weist er vor allem auf die Bereiche der Bildungspolitik und -planung sowie auf die in der Praxis tätigen Erzieher hin, deren ethische Aufgaben von der Kulturpädagogik in besonderem Maße thematisiert werden würden (7).

Diesen programmatischen Entwurf führt Litt in seiner "Skizze" *Pädagogik*, die 1921 in dem Sammelwerk *Die Kultur der Gegenwart* erscheint, systematisch weiter. Hierbei setzt Litt an dem Methodenproblem der Pädagogik an. Dieses Problem wurde u.a. mit Hilfe zweier verschiedener Konzeptionen thematisiert, die beide das Ziel hatten, die Unmöglichkeit einer wissenschaftstheoretischen Grundlegung der Pädagogik aufzuzeigen. Einmal wurde ein Begriff von Pädagogik formuliert, der das irrationale und subjektive Moment jedes erzieherischen Handelns und Forschens hervorhob und die Pädagogik als philosophisch ausgerichtete Kunstlehre begriff (8). Andererseits wurde die Möglichkeit einer eigenständigen pädagogischen Theoriebildung mit dem Hinweis auf ihre geschichtliche Bedingtheit und auf ihre Abhängigkeit von der Gesamtkultur in Frage gestellt (9). Den in diesen Argumenten enthaltenen Sachverhalten stimmt Litt zwar grundsätzlich zu (10). Aber er lehnt die daraus abgeleiteten Folgerungen für die pädagogische Theoriebildung ab. Statt dessen versucht Litt einen Ansatz zu entwickeln, der sowohl das irrationale und subjektive Moment erzieherischen Handelns als auch die historischen und kulturellen Zusammenhänge der pädagogischen Theoriebildung adäquat erfaßt (11). Das methodische Problem der wissenschaftstheoretischen Grundlegung wird dabei von Litt aus der Analyse der strukturellen Bedingungen erzieherischen Handelns reflektiert, so daß die wissenschaftstheoretische Konstituierung der Pädagogik mit der erziehungstheoretischen Analyse pädagogischen Handelns einen Zusammenhang bilden, der in seiner wechselseitigen Verwobenheit die pädagogische Theoriebildung sowohl wissenschaftlich als auch handlungsbezogen ausrichtet. In dieser Bestimmung der Pädagogik als strukturtheoretische Disziplin erzieherischen Handelns ist die Ablehnung naturwissenschaftlicher und technologischer Denkweisen und Verfahren für die Erziehungswissenschaft bei Litt begründet. Erziehung wird von Litt stets im Kulturzusammenhang gesehen. Daraus ergibt sich die pädagogische Relevanz der Sprache. Sie erfaßt Litt nicht nur als Ausdrucksmittel, sondern reflektiert sie in ihrer Inhaltlichkeit als paradigmatische Form des objektiven Geistes, welche nicht nur den Rahmen eines jeden Erziehungshandelns, sondern ebenfalls den Vollzug pädagogischer Interaktion strukturell bestimmt und damit entscheidend wird für den Prozeß der Selbstwerdung des Zöglings.

Das ästhetische Grundlegungsmodell der Pädagogik wird von Litt in diesem Sinne reflektiert, wobei im Zentrum seiner Fragestellung das Verhältnis von ästhetischer Theorie zum künstlerischen Handeln und dessen Bedeutung für die Konstituierung der Pädagogik als Wissenschaft erzieherischen Handelns steht. Nach Litt stellt die Ästhetik eine wissenschaftlich fundierte Theorie dar, deren Gegenstandsbereiche nicht nur die ästhetischen Wertbildungen im Zusammenhang mit "der ästhetischen Gesamtentwicklung" der Kultur bilden, sondern auch die künstlerischen Prozesse selbst (12). Die Ästhetik wird von Litt demgemäß als auf das Verstehen und Deuten künstlerischer Erscheinungen ausgerichtete Theorie erfaßt. Ihre praktische Dimension besteht nach Litt darin, dem Künstler ein Wissen über die in den Materialien enthaltenen strukturellen Gegebenheiten seiner Handlungsmöglichkeiten zu vermitteln, ohne jedoch den Prozeß der künstlerischen Formgebung zu beeinflussen (13). Die "Kenntnis des Stoffes und" die "Bestimmung der Form" stellen nach Litt zwei verschiedene Bereiche künstlerischen Handelns dar, die einerseits theoriegeleitet und andererseits im ästhetischen Akt des Individuums begründet sind (14). Auch die pädagogische Theorie ist nach Litt darauf bezogen, Kenntnisse über die Beschaffenheit ihres "Stoffes" zu gewinnen, d.h. die im Zögling strukturell angelegten Entwicklungs- und Lernmöglichkeiten zu erforschen. Aber im Gegensatz zur Kunst erfaßt Litt diese Kenntnisse nicht losgelöst von der "Formbestimmung" erzieherischen Handelns, sondern betont die wechselseitige Verwobenheit beider Aspekte. Dementsprechend ist nach Litt die Pädagogik "nicht etwa nur auf die äußerlich technischen Möglichkeiten" des erzieherischen Handelns bezogen, sondern vor allem auf "diejenigen Bestimmtheiten des" Zöglings, "die auf die Möglichkeiten der

Formung hindeuten" (15). Erzieherisches Handeln wird von ihm vom ästhetischen Akt wesensmäßig unterschieden. Aus dieser prinzipiellen Bestimmung leitet Litt die Spezifizität der Aufgaben her, welche die pädagogische und ästhetische Theorie für die jeweiligen Handlungsweisen haben. Im Gegensatz zur Kunst habe die pädagogische Theorie für die Erziehung nicht nur eine den Prozeß und das Resultat des Handelns erhellende Funktion, sondern erscheine zugleich auch aufgrund ihrer zielsetzenden Dimension als ein Moment in diesem Handeln (16). Die vom ästhetischen Konstitutionsmodell entwickelte Negation pädagogischer Wissenschaft basiert nach Litt demgemäß auf einer falschen Gleichsetzung zweier unvereinbarer Ansätze.

Die Bestimmung von Pädagogik als handlungsdeutende und -leitende Wissenschaft, welche sich aus der Analyse des ästhetischen Konstitutionsmodells ergibt, wird von Litt durch einen Vergleich mit den angewandten Wissenschaften vertieft. Hierbei geht Litt von einer Strukturanalyse der angewandten Wissenschaften aus, welche er am Beispiel des auf die äußere Natur gerichteten, wissenschaftlich gestützten Handelns durchführt. Dieses Handeln besitze den Charakter der Technologie, welche die Ergebnisse der grundlagentheoretischen Naturwissenschaften anwende, "d.h. unter dem Gesichtspunkt des durch die betreffende Technik zu realisierenden Zwecks" bestimmte Mittel "aus dem Ganzen" der naturwissenschaftlichen Erkenntnis auslese und zusammenstelle (17). Die Struktur der Technologie manifestiere sich in diesem Mittel-Zweck-Verhältnis, welches dem kausalen Strukturprinzip der Naturwissenschaften grundsätzlich entspreche, dieses aber von einer wertfrei verfahrenden Feststellung von Naturgesetzen zu einer mittelbestimmten Handlungsweise entsprechend der jeweiligen Zielsetzung umgestalte (18). Dieses Zweck-Mittel-Verhältnis läßt sich nach Litt jedoch nicht auf den Strukturzusammenhang von pädagogischer Theorie und erzieherischer Zwecksetzung übertragen. Die "Zwecksetzungen" erzieherischen Handelns seien nicht von der Erkenntnisbildung der Pädagogik zu isolieren, wie es für die angewandten, naturwissenschaftlich orientierten Wissenschaften zutreffe, sondern seien miteinander verbunden. Den Grund hierfür sieht Litt darin, daß bei der Erziehung nicht zwischen innerer und äußerer Wirklichkeit - auf der das Zweck-Mittel-Verhältnis der Technologie basiere - unterschieden werden könne, weil Subjekt und Objekt erzieherischen Handelns "ebensowohl der inneren wie der äußeren Welt" angehörten, so daß das Subjekt-Objekt-Verhältnis der Pädagogik als ein wechselseitig verwobener Zusammenhang erscheine. Dies verdeutlicht Litt, indem er darauf verweist, daß erzieherische Zwecksetzungen nur dann pädagogisch legitimierbar sind, wenn sie die im Zögling strukturell angelegten "Zweckrichtungen", welche sich in den Begabungen, Lernfähigkeiten etc. manifestieren, mit als Basis der Zielsetzung erzieherischen Handelns ansehen würden (19). Ein weiterer Grund für die Ablehnung des Modells der angewandten, naturwissenschaftlich orientierten Wissenschaftsdisziplinen besteht nach Litt in der Mittelbestimmung der Technologie. Dies ergibt sich nach Litt daraus, daß das Objekt erzieherischen Handelns, der Zögling, nicht "ein Aggregat von elementaren Stoffen und Kräften" sei, sondern eine Ganzheit darstelle, welche "von einem zentralen Lebensprinzip" bestimmt werde, das sich jeglicher Mittelbestimmung grundsätzlich entziehe (20).

Mit der Kritik des technologischen Theoriekonzeptes für die Pädagogik ist die Frage nach ihrem Theoriestatus als angewandte Wissenschaftsdisziplin nicht ausreichend behandelt, da es möglich ist, die Pädagogik im Sinne einer angewandten, nichttechnologischen Disziplin an die Erkenntnis "der leiblich-seelischen Lebensentfaltung" zu orientieren (21). Unter dieser Sicht würden die biologischen Grundlagen des Entwicklungs- und Reifungsprozesses die Basis der pädagogischen Theoriebildung und des erzieherischen Handelns darstellen. Die Aufgabenstellung einer solchen pädagogischen Theorie besteht nach Litt darin, im Sinne einer angewandten Wissenschaft die spezifischen anlagemäßig bedingten Merkmale, Eigenschaften und Fähigkeiten des Zöglings in eine bestimmte Form zusammenzufassen und daraus Aussagen abzuleiten, "die nicht nur über die Beschaffenheit des Objekts, wie es ist, sondern auch über die Möglichkeiten zweckvoller Ausgestaltung Aufschluß geben" (22). Dies aber stelle eine Fehlinterpretation dar, welche die biologische Betrachtungsweise zum universalen Erklärungsprinzip erhebe und übersehe, daß zwar der menschliche Verhaltensorganismus anlagemäßig bestimmt sei, aber diese biologische Determination nicht das geistig-seelische Sein des Menschen berühre (23). Im Gegensatz zu dieser theoretischen Konzeption der biologisch fundierten, angewandten Pädagogik sieht Litt in der kulturellen Umwelt der Gemeinschaft den entscheidenden Bedingungsfaktor für die geistige und seelische Entwicklung des Individuums. Die Gemeinschaft stelle dem Individuum ideelle Gehalte zur "Verfügung", die aufgrund ihrer kulturellen Ausformung eine grundlegende Bedeutung für den Erziehungsprozeß des Zöglings besitzen. Dieser "Formungsprozeß" des Individuums sei allerdings nicht im Sinne einer eindimensionalen Vermittlung kultureller Gehalte zu begreifen, durch welche die strukturell angelegten seelischen Dispositionen des Zöglings lediglich ausgeformt werden. Vielmehr seien diese Anlagen als prinzipiell offene und unbestimmte Entwicklungsmöglichkeiten zu verstehen, die sich erst im Vollzug des Erziehungs- und Bildungsprozesses ausdifferenzieren (24).Das Konzept einer biologisch fundierten Pädagogik wird daher von Litt abgelehnt.

Mit der Ablehnung dieses biologischen Ansatzes für die wissenschaftliche Grundlegung der Pädagogik ist die Frage nach dem Theoriestatus einer angewandten pädagogischen Wissenschaft, welche die "leiblich-seelische Lebensentfaltung" des Individuums untersucht, um der Erziehungspraxis "Richtlinien" zu geben, für Litt nicht negiert. Vielmehr sieht Litt eine Möglichkeit zur weiteren Verfolgung dieser Problemstellung in der Reflexion des Zusammenhanges von Grundwissenschaft, angewandter Wissenschaft und Praxis, von dem sich das Konzept einer angewandten Wissenschaftsdisziplin logisch herleitet. Bezogen auf die Pädagogik kommt Litt jedoch auch zu dem Ergebnis, daß dieser Ableitungszusammenhang nicht übernommen werden könne. Der Grund dafür besteht nach Litt darin, daß die Pädagogik stets die Erziehungspraxis zum Gegenstand habe. Würde sie als reine Grundwissenschaft konzipiert, so müßte sie sich ausschließlich auf das "Objekt der Praxis" beziehen, während es Aufgabe der angewandten Wissenschaft sei, aus der grundwissenschaftlichen Erkenntnis Handlungsregeln für die Praxis abzuleiten (25). Erzieherische Praxis und pädagogische Theorie ließen sich aber nicht in dieser Weise von einander trennen, da sie einen ineinander verschränkten Zusammenhang bildeten. Die theoretische Analyse von Erziehung und die praktischen Stellungnahmen des Pädagogen zu erzieherischen Aufgaben seien lediglich als "Ausgestaltungen einer Grundeinstellung zum Problem 'Erziehung'" zu begreifen, "die über dem Gegensatz von Theorie und Praxis, Tatsachenforschung und Zielsetzung steht" (26). Naturwissenschaftlich orientierte Theoriemodelle, wie sie sich in dem Konzept der angewandten Wissenschaft manifestieren, sind nach Litt daher prinzipiell für die wissenschaftliche Grundlegung der Pädagogik ungeeignet. Vielmehr ist nach Litt in der Verflochtenheit pädagogischer Seinserfassung mit erzieherischer Sollensbestimmung die Basis der wissenschaftlichen Grundlegung der Pädagogik zu sehen.

Hierbei betont Litt, daß unter der Zielsetzung der pädagogischen Theorie, das Sein des Zöglings zu erfassen, nicht gemeint sei, anlagemäßig festgelegte Verhaltensweisen des Zöglings in ihrer objektiven Struktur, d.h. in der "unendlichen Mannigfaltigkeit möglicher Anlagedeterminationen" zu bestimmen (27). Vielmehr betont Litt, der Erzieher solle nur solche angelegten Verhaltensdispositionen des Zöglings aufgreifen, welche sich zu der "Gesamtheit" der pädagogisch relevanten kulturellen Wertgehalte der Gemeinschaft in Beziehung bringen lassen (28). Die Erziehungsziele seien daher als "Ordnungsprinzipien ..." anzusehen, "nach denen das Sein des Zöglings, das an sich grenzenloser Fortentwicklung fähige, aufgefaßt wird" (29). Diese Anbindung der Erziehungsziele an die kulturellen Gehalte der Gemeinschaft ist nach Litt allerdings nicht als einseitige Anpassung des Zöglings zu verstehen. Vielmehr müsse der Erzieher, um dem Anspruch auf wahre Erziehung gerecht zu werden, aus der Gesamtheit aller kulturellen Wertorientierungen diejenigen auswählen, welche den im Zögling angelegten Verhaltensdispositionen und Begabungen prinzipiell entsprechen. Das Ziel der Erziehung besteht nach Litt deshalb nicht darin, "in dem Zögling nur den Träger einer Vielheit von äußerlich zusammengeordneten, in abstrakter Allgemeinheit gedachten Werttendenzen herauszubilden" (30). Vielmehr erfaßt Litt die Erziehung darauf bezogen, "ein konkretes Lebensganzes" auszubilden, "das alle einzelnen Richtungen des Bildungsprozesses durchdringt, zum Zentrum der Persönlichkeit in Beziehung setzt und so statt äußerer Zusammenordnung wirklich innere Form erwirkt" (31). Die vom Erzieher zu verfolgenden spezifischen Erziehungsziele müssen nach Litt deshalb zu einem teleologisch strukturierten Leitbild zusammengefaßt werden, da nur so der Zögling in seiner auszugestaltenden Lebensganzheit erfaßt werden könne. Diesen Prozeß der teleologischen Zusammenschau sieht Litt nur insofern als möglich an, als er auf die Individualität des Zöglings, wie sich diese "in anschaulicher Lebendigkeit" dem Erzieher darstellt, bezogen ist. Dies bedeutet, daß ebenso wie die Seinserfassung des Zöglings von Litt nur insofern als möglich angesehen wird, als sie im Hinblick auf erzieherische Sollensforderungen vollzogen wird, auch die pädagogischen Sollensbestimmungen an die Seinserfassung des Zöglings gebunden sind.

Nach Litt kann der Erzieher ein solches teleologisches Seelenbild vom Zögling deshalb gewinnen, weil er nicht nur den Educandus, sondern auch sich "selbst als Träger einer ebensolchen inneren Bewegung auf selbstgesetzte und erfaßte Ziele hin erlebt" (32). Diese "Übereinstimmung der seelischen Struktur" von Erzieher und Zögling ist nach Litt jedoch nicht ausreichend, um ein erzieherisches Verhältnis begründen zu können (33). Vielmehr betrachtet Litt das Erziehungsverhältnis nur insofern als möglich an, als es in dem Kulturzusammenhang der Gemeinschaft eingebettet ist und in ihm kulturelle Gehalte erschlossen werden. Dies erfaßt Litt in entscheidender Weise als an die Sprache gebunden. Die Sprache stellt nach Litt die grundlegende Bedingung dafür dar, daß der Zögling sich intentional artikulieren und darstellen und der Erzieher pädagogisch auf ihn einwirken kann. Der Sprache erkennt Litt dabei jedoch nicht nur die Funktion eines Mediums der Verständigung und Selbstverständigung zwischen Erzieher und Zögling zu. Vielmehr sieht Litt in der Sprache zugleich auch die Voraussetzung der geschichtlich herausgebildeten, kulturspezifisch differenzierten Bildungsgehalte. Sprache bestimme auf diese Weise auch den Prozeß der Denkentwicklung inhaltlich mit. Mit Litts Worten: "... wie wäre es denkbar, daß der Zögling sich dem Erzieher offenbarte, der Erzieher auf den Zögling einwirkte, wenn nicht die Sprache ihnen die Selbstdarlegung und Kundgebung ermöglichte? Damit die Bedeutung dieser Tatsache nicht unterschätzt werde, sei erinnert, daß stets und überall die Sprache nichts weniger als bloße, an sich gleichgültige 'Form' für einen bereits in sich fertigen und abgeschlossenen Inhalt, nichts weniger als bloßes 'Mittel' der Verständigung ist, daß sie vielmehr an der Herausarbeitung dieser Inhalte selbst in maßgebender Weise mitbeteiligt ist" (34). Der Erziehungs- und Bildungsprozeß des Zöglings erscheint so in den Prozeß der sprachlich bestimmten und durch von der Sprache durchwirkten Ausprägung der Kulturgehalte strukturell eingebettet. Nach Litt gilt dies für jeden erzieherischen Akt, unabhängig davon, welche pädagogische Relevanz er besitzt. Das Erziehungsverhältnis wird demgemäß von Litt durch eine in der Sprache grundgelegte geistige Dimension bestimmt, die über den Bereich des Sprachlichen hinausgeht und alle Formen und Gestalten kultureller Gehalte strukturell kennzeichnet. Aus dieser Bestimmung des Erziehungsverhältnisses als "funktionelle Lebensverbindung" von Erzieher und Zögling, die sich aus dem in der Sprache grundgelegten und von ihr durchwirkten Kulturzusammenhang ergibt, leitet Litt entscheidende Konsequenzen für den Strukturzusammenhang von Seinserfassung und Sollensbestimmung ab. Nach Litt läßt sich die Erziehungswirklichkeit nicht als eine objektiv feststellbare Tatsache empirisch abbilden, sondern kann nur mit Hilfe von Kategorien und Prinzipien interpretiert werden, welche die Kulturgemeinschaft in ihrer Sprache entwickelt hat. Dies gelte in gleicher Weise für die Sollensbestimmungen erzieherischen Handelns, die nur insoweit möglich seien, als sie dem in der Sprache verankerten kulturellen Selbstverständnis der Gemeinschaft entsprechen. Seinserfassung und Sollensbestimmung als wechselseitig aufeinander bezogene Strukturprinzipien der Erziehung erscheinen so aufgrund ihres sprachlichen Charakters als Elemente des Kulturzusammenhanges der Gemeinschaft. Mit Litts Worten: "Verbleibt jede Bestimmung seelischen Seins notwendig im Banne jener gemeinsamen Geisteswelt, deren wesentliches Organ die Sprache ist, so gilt naturgemäß ein Gleiches, wenn das mit jenem in Wechselbeziehung stehende pädagogische Idealbild erschaut und in seine Einzelbestimmungen auseinandergelegt wird. Auch hier kann selbst der eigenwilligste Geist nicht der Mitwirkung der begrifflich-sprachlichen Kategorien entraten, in denen die Kulturgemeinschaft ihre grundlegenden Wertungen und Normen - insbesondere sittlicher Art - niedergelegt hat" (35). Diese Eingliederung von Erziehung und Bildung in den Kulturzusammenhang der Gemeinschaft ist nach Litt jedoch nicht im Sinne einer einseitigen "kollektivistisch" ausgerichteten Pädagogik zu verstehen. Vielmehr geht Litt von der "wechselseitige(n) Verschränkung und Gleichursprünglichkeit des individuellen und des kollektiven Moments" als Strukturprinzip der Erziehungswirklichkeit aus (36). Damit formuliert Litt einen Pädagogikansatz, der das Verhältnis von "Erziehungsgemeinschaft und Zögling" im Sinne eines dialogischen Theorieverständnisses als "zwei Ansichten eines in sich einheitlichen Lebensprozesses" erfaßt (37). Die Sprache erscheint damit nicht nur als Grundvoraussetzung des Erziehungsgeschehens, sondern ihre dialogische Struktur erhält auch quasi einen Modellcharakter für die pädagogische Theoriebildung.

Die Aufgabe der Pädagogik besteht nach Litt einerseits darin, den individuellen Entwicklungsprozeß des Zöglings zu erfassen, um zu Aussagen über seine Seinsbeschaffenheit zu gelangen. Andererseits sei die Pädagogik darauf ausgerichtet, den Kulturzusammenhang der Erziehungsgemeinschaft unter Berücksichtigung aller relevanten Kulturbereiche und darin enthaltenen Kulturgütern und -werten zu erfassen, um aus ihnen die Sollensbestimmungen des Erziehungs- und Bildungsprozesses zu ermitteln (38). Litt meint jedoch nicht, daß Kulturgüter mit Bildungsgütern identisch seien und einfach auf den Erziehungsprozeß übertragen werden könnten. Vielmehr betont Litt, Kulturgüter seien erst dann bildungstheoretisch relevant, wenn sie sich in das Lebensganze der Gemeinschaft einordnen lassen. Eine entscheidende Aufgabe der Pädagogik bestehe deshalb darin, den Entstehungsprozeß der Kulturgüter zu verfolgen, d.h. den ursprünglichen Lebenszusammenhang der Kulturgemeinschaft zu ermitteln und daraus Kriterien für die Bestimmung des Bildungsgehalts eines Kulturgutes zu entwickeln. Die pädagogische Reflexion bezieht sich nach Litt dementsprechend nicht nur auf die sachimmanenten Strukturmerkmale der Kulturgüter, sondern auch auf ihre geschichtlich grundgelegte Lebensbedeutung. Hierbei besitzt die Sprache als geschichtlich ausgeprägte Form des Geistes, in der sich der Lebenszusammenhang der Kultur manifestiert, eine besondere Bedeutung. Die historische Reflexion der Pädagogik erscheint so, ohne daß Litt darauf explizit verweist, zugleich als sprachgeschichtlich ausgerichtete Analyse der Kulturgüter und der sie umlagernden Lebenszusammenhänge.

## 4.2 DIE BEDEUTUNG DER SPRACHE FÜR DAS PÄDAGOGISCHE GRUNDPROBLEM

In seiner Abhandlung *Führen oder Wachsenlassen*, die 1927 zuerst erscheint und somit der zweiten Periode zuzurechnen ist, greift Litt zentrale Aspekte seines frühen kulturpädagogischen Entwurfs auf und führt sie unter der Sicht seines dialektisch-phänomenologischen Theorieverständnisses weiter. Der aktuelle Grund dieser theoretischen Bemühungen ist in der pädagogischen Grundsatzdiskussion zu sehen, die in den zwanziger Jahren zu einer Kontroverse über Zielsetzungen der Erziehung geführt hat und zunehmend in eine Begriffsverwirrung der pädagogischen Prinzipien von Autoritätsausübung und Freiheitsgewährung mündete (39). Litt sucht durch eine prinzipielle Klärung dieses Problemzusammenhanges die Diskussion innerhalb der Reformpädagogik auf eine rationale Grundlage zu stellen, indem er die Strukturen des Erziehungs- und Bildungsprozesses aufdeckt. Diese Strukturanalyse führt ihn dazu, die sich gegenseitig ausschließenden Prinzipien einer autoritätsbestimmten Erziehung und eines Erziehungs- und Bildungsgeschehens, das auf der freien Entfaltung der Persönlichkeit des Zöglings beruht, als zwei aufeinander bezogene Momente eines dialektisch strukturierten Gesamtzusammenhanges von Vergangenheit, Gegenwart und Zukunft zu bestimmen (40). Hierbei deckt er die Schlüsselstellung der Sprache für das erzieherische Handeln in eingehender Analyse auf.

Bei diesem Ansatz geht Litt von einer Begriffsanalyse der beiden gegensätzlichen pädagogischen Prinzipien des "Führens" und des "Wachsenlassens" aus. Litts Ziel ist es, mit Hilfe phänomenologischer Begriffsanalysen Aussagen zu machen, die über die zeitgebundene Aktualität der reformpädagogischen Diskussion hinausgehen und das Wesen von Erziehung und Bildung erfassen (41). Einerseits erkennt Litt in der pädagogischen Zielsetzung des Wachsenlassens den notwendigen "Ausdruck jenes Protestes" manifestiert, "den das erzieherische Gewissen" jedem "schulmeisterlichen Übereifer entgegenzustellen" habe (42). Andererseits aber bezieht sich nach Litt dies nur auf den allgemeinen Bedeutungsgehalt des Begriffs "Wachsenlassen", nicht jedoch auf die konkrete Erziehungssituation, da eine konsequente Verwirklichung dieser Zielsetzung die generelle Auflösung jeder Erziehung zur Folge hätte (43). Allerdings weist Litt darauf hin, das Prinzip des Wachsenlassens werde von den Vertretern der Reformpädagogik nicht in dieser allgemeinen Bedeutung verstanden, sondern stets auf spezifische pädagogische Zielsetzungen bezogen. Nach ihm ist die reformpädagogische Forderung des Wachsenlassens daher nicht als Negation des pädagogischen Handelns zu verstehen. Vielmehr sei diese Forderung nur gegen bestimmte als negativ interpretierte Einflußnahmen des Erziehers auf den Entwicklungs- und Bildungsprozeß des Zöglings gerichtet. Zu diesen von der Reformpädagogik negierten Konzeptionen zählt Litt solche Ansätze, welche die tradierten und bestehenden Kulturformen, -güter und -werte dem Zögling zu vermitteln suchen (44). Diese damit geübte Kritik stelle eine Absage an Gegenwart und Vergangenheit dar, deren Bildungswert von der Reformpädagogik grundsätzlich in Frage gestellt werde. Statt dessen suche die Reformpädagogik in zukunftsorientierten Konzepten Maßstäbe, Richtlinien etc. für den Erziehungs- und Bildungsprozeß. Dies aber bewirke einen Umschlag des Prinzips des Wachsenlassens in das des Führens. Diesen Schluß verdeutlicht Litt am Beispiel der Jugendbewegung: "... dieselbe Jugend, die dem Erzieherwillen der älteren Generation mit der Berufung auf das Recht eigenständigen Wachstums Einhalt gebot, konzentrierte den sie selbst erfüllenden Willen zur Selbsterziehung in Forderung und Erlebnis eines Führertums, das die kommende Gestalt des Lebens aus eigener Verantwortung in die Wirklichkeit überführen werde" (45). Diese Folgerung über den autoritären Charakter der reformpädagogischen Zielsetzung des Wachsenlassens wird nach Litt auch nicht durch das Argument entkräftet, daß die Pädagogik gerade dadurch, daß sie auf Zukunft bezogen sei, die Möglichkeit besitze, zu dem zu führen, was wachsen will (46). Dies begründet Litt mit zwei Überlegungen. Zunächst weist Litt darauf hin, daß jede Formulierung eines auf die zukünftige Entwicklung und Gestaltung etwa der Lebensformen des Zöglings bezogenen Bildungsideals stets an die Gegenwart gebunden sei und daher die Zukunft vorwegnehmen müsse. Diese Vorwegnahme sei aber mit dem Auftrag des Erziehers, lediglich "Pfleger und Anwalt der in dem jungen Geschlecht selbst schlummernden Möglichkeiten" zu sein, unvereinbar (47). Weiterhin gibt Litt zu bedenken, daß der Anspruch, die im Zögling "angelegten" zukünftigen Entwicklungen auszugestalten, "mit dem innersten Gesetz des lebendigen Geistes in Widerspruch" stehe (48). Den Grund hierfür sieht Litt darin, daß es zum Wesen des Geistes gehöre, nicht einplanbar zu sein, sondern stets in der konkreten Situation sich seine Aufgaben, Ziele und Handlungsweisen eigenständig zu setzen (49).

Diese grundlegende Kritik an der pädagogischen Festlegung von Zukunft durch die Formulierung allgemeingeltender Bildungsziele bezieht sich nach Litt auch auf diejenigen Konzeptionen, welche den Traditionszusammenhang der Kultur durch die Formulierung spezifischer Bildungsideale bewahren wollen und ihren Ansprüchen nach nicht auf die Zukunft, sondern vielmehr auf die Erhaltung der Gegenwart ausgerichtet sind. Nach Litt sind diese Ansätze durch die Tendenz gekennzeichnet zu übersehen, daß ausformulierte Bildungsideale immer auf tradierte Kulturgüter und -werte basieren, und gerieten daher in Gefahr, bildungstheoretische Zielsetzungen der Vergangenheit für die Gegenwart und Zukunft festzuschreiben.

Zwar betont Litt, jeder Erziehungs- und Bildungsprozeß sei insofern als historisch bedingt zu begreifen, als er dem Zögling geschichtlich tradierte Bildungsgehalte erschließe. Aber im Gegensatz zu einer solchen quasi "organischen" und "natürlichen" Bildung, deren Funktion es sei, lediglich "gewisse Formelemente des gemeinsam gelebten Daseins in Gestalt von Sätzen, Regeln, Geboten und Verboten" zu vermitteln, bestehe das Ziel des Bildungsideals darin, "eine gewisse Gestalt des Menschentums als planmäßig herzustellendes Produkt in feste Formeln zu bannen und nach Maßgabe dieser Formeln hervorzubringen" (49). Den Unterschied zwischen der "natürlichen" und der am ausformulierten Bildungsideal orientierten Erziehung begreift Litt als Gegensatz von gelebter und nur reflektierter Bildung (50). Gegenüber dieser Unterscheidung wird nach Litt eingewandt, daß das neuhumanistische Bildungsideal sowohl einen unmittelbaren Lebensbezug als auch die Ebene der Reflexion besitze, da es Ausdruck geistesgeschichtlicher Entwicklung sei, die dem Menschen entscheidende Möglichkeiten seiner Selbstverwirklichung eröffnet habe (51). Auch Litt erkennt diesen Lebensbezug des neuhumanistischen Bildungsideals an. Aber er entdeckt in diesem Bezug keinen Widerspruch zu seiner Kritik an den bildungstheoretischen Zielsetzungen des Neuhumanismus. Vielmehr verweist Litt darauf, das neuhumanistische Bildungsideal werde nicht von einer allgemeinen geistesgeschichtlichen Entwicklung getragen, so daß es auch nicht die realen Werte und Lebensformen der Gemeinschaft ausdrücken könne, sondern es sei ausschließlich von einzelnen Vertretern dieses Ansatzes geprägt und formuliert worden (52). Litt weist hierbei darauf hin, daß vom neuhumanistischen Bildungsideal die Gegenwart und Zukunft des Zöglings insofern festgelegt werde, als eine bestimmte "Form lebendig-tätigen Menschentums" zum Ziel von Erziehung und Bildung erhoben werde (53). Seine Kritik am neuhumanistischen Bildungsideal versteht Litt allerdings nicht im Sinne einer Pädagogik des Wachsenlassens. Vielmehr bezieht sich Litt lediglich auf die im Neuhumanismus enthaltene Tendenz, das Individuum auf ein bestimmtes Ideal hin auszurichten, nicht jedoch auf die Vermittlung von Kenntnissen über Vergangenheit und Gegenwart, da dies ein legitimer Anspruch des neuhumanistischen Bildungsideals sei, der auch durch die Kritik der Reformpädagogik nicht seine bildungstheoretische Relevanz verliere.

Litts Analyse der pädagogischen Kategorien des Führens und des

Wachsenlassens erschöpft sich jedoch nicht in der Kritik an der Reformpädagogik und an der Formulierung eines Bildungsideals, wie es etwa in der Tradition des Neuhumanismus entwickelt wird. Vielmehr erfaßt Litt den in diesen Kategorien ausgedrückten Sinngehalt als wechselseitig aufeinander bezogene Momente des Erziehungs- und Bildungsgeschehens. Erziehung und Bildung begreift Litt als in den Kultur- und Lebenszusammenhang der Erziehungsgemeinschaft eingebettet und knüpft damit an seine Überlegungen zur Kulturpädagogik an, die er in seinen frühen pädagogischen Werken entfaltet hat. Den in die Kulturgemeinschaft eingelagerten Erziehungs- und Bildungszusammenhang charakterisiert Litt als ein quasi organisches Vermittlungsgeschehen, das dem Zögling die jeweils geltenden Kulturgüter und -werte der Gemeinschaft nahebringt, ohne dabei auf ein bestimmtes Zukunftsbild bezogen zu sein. Dieses Erziehungs- und Bildungsverständnis erschließt Litt durch die Analyse von Erziehungsprozessen. Unter Anleitung von Erziehern lerne das Kind, seinen Verhaltensorganismus zu beherrschen, sich in seiner Umgebung zu bewegen und mit Gegenständen umzugehen, ohne daß diese Anleitungen aus einem Bildungsideal abgeleitet werden. Dieses quasi organisch vollzogene Erziehungsgeschehen trifft nach Litt auch für den Erwerb der Muttersprache und für die Integration des Kindes in die sozialen und kulturellen Lebensformen der Gemeinschaft zu (54). Diese "unreflektierte Weise der Menschenformung" stelle die Voraussetzung einer jeden an Zielen orientierten Erziehung dar. Sie erscheine durch das jeweilige kulturelle Selbstverständnis der Erziehungsgemeinschaft bestimmt. Aber die Lebensbedeutung, die diese quasi organische Erziehung und Bildung besitze, ist nach Litt nicht an die Aktualität des sich ständig verändernden kulturellen Selbstverständnisses der Gemeinschaft gebunden, sondern wird durch allgemeine erzieherische Funktionen gekennzeichnet, "auf denen, wie sie auch im einzelnen abgewandelt und vervollkommnet werden mögen, die Existenzmöglichkeit des menschlichen Geschlechts von je beruht hat und immerdar beruhen wird" (55).

Die Bedeutung dieses Erziehungs- und Bildungsverständnisses für die Pädagogik erhellt Litt durch eine Strukturanalyse der Sprache. Dabei stellt Litt heraus, daß zwar der Spracherwerb des Kindes an die jeweilige Form der sich geschichtlich entwickelnden Muttersprache gebunden sei. Aber damit werde dem Zögling nicht nur eine bestimmte historisch entwickelte Sprachform erschlossen, sondern er werde zugleich in das Wesen der Sprache selbst eingeführt, und dies in zweifacher Weise. Zunächst eigne sich der Zögling im Vollzug seines Spracherwerbs zugleich auch "die Muttersprache" an "als eine über die Jahrtausende hinweggreifende, den Erwerb der Jahrhunderte in sich aufsammelnde und damit den Augenblick überwindende Werdeeinheit" (56). Mit diesem Erwerb einer bestimmten Sprache erschließe sich dem Zögling zugleich auch "die Sprache überhaupt und schlechthin" als konstitutives Prinzip aller geistigen Formen, das einen zeit- und ortsunabhängigen Charakter habe und sich in der jeweiligen Erscheinung einer bestimmten Sprache darbiete und im Erziehungs- und Bildungsprozeß immer wieder neu vermittelt werde (57). Dadurch, daß die Sprache als zeitunabhängiges konstitutives Prinzip alle Formen des Geistes bestimmt, ist es nach Litt unmöglich, kulturelle Gehalte und Zusammenhänge auf gegenwärtige Formen und Bedeutungszusammenhänge zu reduzieren. Und ebenso erschöpft sich nach Litt nicht der geistige Gehalt, der in der jeweils gegenwärtigen Form der Sprache enthalten sei, in der Tatsache, daß "in dem Sprachbesitz der Gegenwart" die Geschichte der Entwicklung und Ausgestaltung der Sprache "eingegangen" und "aufgehoben" sei (58). Denn nicht nur der geschichtliche Entstehungsprozeß, sondern auch die zukünftigen Entwicklungsmöglichkeiten des Geistes seien in dem Sprachbesitz der Gegenwart verankert. Als noch entscheidender als diese in der Sprache enthaltene Grundlegung des Zusammenhanges von Vergangenheit, Gegenwart und Zukunft geistiger Formen sieht es Litt an, daß die Sprache "zeitlos ist in ihrer sinnhaften Konstitution", und damit die geistigen Gehalte auch inhaltlich bestimmt (59). Als paradigmatische Form und als Organ des objektiven Geistes erfaßt Litt die Sprache als durch eine ideelle Ordnung bestimmt. Aber diese Ordnung, welche in dem geistigen Charakter der Sprache begründet sei, sieht Litt nicht als Hindernis für sprachschöpferische Intentionen des Individuums an. Vielmehr betont er, daß die Sprache prinzipiell offen sei gegenüber individuellen Akten, wie z.B. Laut-, Wort- oder Satzbildungen. Das Strukturprinzip des sich in der Sprache manifestierenden und artikulierenden Geistes lasse sich daher als wechselseitiger Zusammenhang von "formende(r) Wirkung ... und Abwesenheit jeder Formbestimmung" beschreiben (60).

Bezogen auf den Bildungsprozeß bedeutet dies nach Litt, daß die ideellen Bildungsgehalte nicht mit "der idealen Form der zu Bildenden" identisch seien (61). Die Aufgabe des Erziehers besteht nach Litt daher darin, dem Zögling Bildungsgüter nicht unter der Sicht spezifischer Bildungsideale, sondern ausschließlich um ihrer selbst willen zu vermitteln, so daß "der ideale Gehalt des Werks sich" ihm "wie selbsttätig, ohne Zwang und Druck" eröffnet und er "in der Zeitlosigkeit" der Werke des objektiven Geistes sein "selbsteigenes Wesen gewinnen" könne (62). Diese Kritik bedeutet nach Litt jedoch nicht, daß damit das Prinzip des "Wachsenlassens" eine tragende Funktion für den Bildungsprozeß besitzt. Vielmehr betont Litt, Erziehung sei nur insofern möglich, als sie auf der Verwirklichung beider Prinzipien basiere. Diesen Gedanken erschließt Litt wiederum durch eine Analyse des sprachlichen Bildungsprozesses. Nachdem der Zögling in einer quasi natürlichen Weise die Muttersprache erworben habe, werde "im Kulturleben" der Sprachunterricht notwendig (63). Durch diesen Unterricht werde der Prozeß des Hineinwachsens in die Sprache zwar nicht negiert. Aber durch den bewußten Willen, "die Sprache zu bilden und durch die Sprache zu bilden", werde der natürliche Spracherwerb in pädagogischer Absicht beeinflußt (64). Den Erzieher begreift Litt so einerseits als "Anwalt und Vertreter des objektiven Geistes". Andererseits sieht Litt in ihm auch den Anwalt des Zöglings, insofern der Erzieher gezwungen sei, die Bildungsgüter auf die konkreten Entwicklungs- und Lernmöglichkeiten des einzelnen Zöglings zu beziehen (65). In diesem Sinne erfaßt Litt das pädagogische Handeln sowohl durch das Moment des "Führens" als auch durch das des "Wachsenlassens" bestimmt und durch eine dialogische Struktur gekennzeichnet, die herrschaftsorientierte Interessen des Erziehers grundsätzlich ausschließt (66).

Die im Erziehungs und Bildungsprozeß zu vermittelnden Bildungsgüter sind nach Litt nicht als übergeschichtlich geltende Wertbildungen, sondern als historisch bedingte Wertmuster der Gemeinschaft zu verstehen. Der Bildungsprozeß ist nach Litt grundlegend an die in Vergangenheit und Gegenwart entwickelten Bildungsgüter gebunden. Dementsprechend schließt Litt alle utopischen Konzepte, die sich aus dem Traditionszusammenhang der Gegenwart herauslösen wollen, als nicht pädagogisch legitimierbar aus dem Kontext der Bildungsgüter aus. Zur Begründung dieser Kritik verweist Litt auf die Traditionsbezogenheit der Sprache. In der Zukunft zu realisierende Zielsetzungen müßten wie alle Bildungsgüter und -werte dem Zögling sprachlich vermittelt werden. Die

Sprache, in der solche Zukunftsperspektiven vorgestellt werden, könne diesen Gehalten jedoch nicht entsprechen, da sie ein historisch entstandenes Gebilde sei, das nur die Bedürfnisse, Werte und Gehalte der Gegenwart zum Ausdruck bringen könne, nicht jedoch solche Bedeutungen, deren Ausdruck erst in der Zukunft entwickelt werden müsse (67). Allerdings ist diese Begrenzung der Bildungsgüter bei Litt nicht im Sinne einer bloß historisch ausgerichteten Bildungskonzeption gemeint, wie sie im Anschluß an das neuhumanistische Bildungsideal und die historische Schule formuliert wurden. Vielmehr betont Litt, die Geschichte stelle keinen Bildungswert an sich dar, sondern sei lediglich die Voraussetzung für die Vermittlung der ideellen Gehalte geschichtlicher Phänomene. Das Ziel von Erziehung und Bildung besteht nach Litt daher darin, aus den historisch entwickelten Bildungsgütern die in ihnen enthaltenen allgemeinen und zeitlosen Bildungswerte zu gewinnen und zum Gegenstand des Unterrichtsgeschehens zu machen. Dieses Verständnis von Zeitlosigkeit ist nach Litt nicht mit der überzeitlichen Dimension des Geistes identisch, obwohl es aufgrund seines Bezuges zum Prinzip des Geistigen damit in einer Beziehung steht. Unterschiede und Gemeinsamkeiten zwischen dem zeitlosen Charakter des Geistes und den zeitlos geltenden Gehalten erschließt Litt durch die Weiterführung seiner strukturanalytischen Reflexion der Sprache. Nach Litt besitzt die Sprache aufgrund ihres geistigen Charakters prinzipiell einen zeitlosen Gehalt, unabhängig davon, welche Form in ihr zum Ausdruck gebracht wird. Jedoch unterscheide sich ihre Bedeutung für den Bildungsprozeß nach den verschiedenen Gestalten, welche die Sprache annehmen könne. Vor allem der dichterischen Sprache erkennt Litt eine Bildungsfunktion zu, da in ihr die zeitlose Struktur des sich in der Sprache manifestierenden Geistes eine besondere Wertqualität erhalte. Im Gegensatz zum "unreflektierten Sprachleben" im alltäglichen Umgang, in dem sich der zeitlose Gehalt der Sprache "selbsttätig erhält und fortzeugt", müsse das Sprachkunstwerk bewußt gepflegt und tradiert werden, wenn es über einen begrenzten Zeitraum hinweg erhalten bleiben solle (68).

Unter dieser Sicht hat die Erziehung vorrangig die Aufgabe, die durch die Sprache konstituierten Formen des objektiven Geistes zu pflegen und zu überliefern. Das pädagogische Prinzip des Führens bekommt damit zugleich einen anderen Bedeutungsgehalt. Mit ihm ist nicht mehr die Intention verbunden, den Zögling nach einem bestimmten Bildungsideal hin auszurichten, sondern es ist ausschließlich auf das zu vermittelnde Bildungsgut bezogen. In diesem Sinne deutet Litt den Begriff "Führung" in den Begriff "Einführung" um, der sich auf den "klassischen", d.h. zeitlos geltenden Aussagengehalt der Bildungsgüter beziehe (69). Hierbei macht Litt darauf aufmerksam, daß eine solche "Einführung" in die zeitlos geltenden Bildungsgüter nur insofern möglich sei, als dabei die individuellen Begabungen und Lernfähigkeiten des Zöglings berücksichtigt und der Bildungsprozeß darauf abgestimmt werde (70). Das Ziel von Erziehung und Bildung besteht nach ihm darin, den einzelnen Zögling in der Auseinandersetzung mit den idealen Werten zu sich selbst zu führen, wobei sich dieses Selbst erst im Hinblick auf die ideellen Gehalte der Kulturgüter entfalten könne. In diesem Sinne betont Litt, daß "jedes Führen 'zu sich selbst' als solches zugleich ein Hinführen zu den idealen Gehalten" sei, "die jeder höheren Form des Daseins als solcher einwohnen" (71).

## 4.3 DIE BEDEUTUNG DER SPRACHE FÜR DIE BILDUNGSTHEORIE DES NATURWISSENSCHAFTLICH-TECHNISCHEN ZEITALTERS

In den pädagogischen Abhandlungen, die Litt in seinem Spätwerk verfaßt, geht es in zentraler Weise um das Problem der Bildung in einer zunehmend von Naturwissenschaft und Technik beherrschten Arbeits- und Lebenswelt. Dieses Problem begreift Litt als durch einen Konflikt zwischen pädagogischer Theorie und wissenschaftlich-technischer Entwicklung bestimmt (72). Zwar sieht er in dieser Entwicklung insofern einen wichtigen Fortschritt, als sich dadurch "dem Menschen nicht nur im Raum des Gedankens", d. h. in der reinen Theorie, "unbegrenzte Möglichkeiten auftun, sondern auch im Raum der Wirklichkeit" (73). Aber Litt weist zugleich darauf hin, daß der von dieser Entwicklung bestimmte gesamtgesellschaftliche Wandel auch eine große Gefahr für den Menschen enthalte, da alle sozialen Zusammenhänge immer mehr vom Prinzip der Sache erfaßt und bestimmt würden. Diese Gefährdung äußert sich nach Litt in einer ausschließlich sachorientierten Differenzierung der Praxis, d.h. in der arbeitsteiligen Organisation aller Tätigkeiten, unabhängig davon, ob sie einen planenden, führenden oder ausführenden Charakter besitzen (74). Gegenüber dieser Gefährdung des Menschen durch die Entwicklung von Naturwissenschaft und Technik sieht Litt in der kulturkritischen Dimension der erziehungswissenschaftlichen Theorietradition den Versuch, der Versachlichung aller Lebensbereiche entgegenzuwirken. Aber diese Zurückweisung habe dazu geführt, die im Prinzip der Sache begründete Bildungsbedeutung von Naturwissenschaft und Technik zu übersehen. Den sich dadurch ergebenden Konflikt zwischen "der pädagogischen Ideenbewegung" und "der wirtschaftlich-gesellschaftlichen Entwicklung" versucht Litt damit zu überwinden, daß er das Verhältnis von Naturwissenschaft, Technik und Bildung als dialektisch strukturierten Zusammenhang bestimmt (75). Die gesellschaftliche Realität betrachtet Litt nicht nur als Voraussetzung eines jeden Erziehungs- und Bildungsprozesses, sondern erkennt ihr zugleich auch einen eigenen Bildungswert zu. Die Aufgabe der Pädagogik besteht nach Litt darin, nicht nur diejenigen Bildungsgehalte und -güter zu erfassen, welche im Sinne traditionellen Bildungsverständnisses auf die Ausbildung der Individualität des Zöglings abzielen, sondern auch auf die "Dynamik und Logik der Sachordnung" (76), d.h. auf die durch die Entwicklung von Naturwissenschaft und Technik bestimmte "Produktionsordnung der neuzeitlichen Industrie" (77).

Nach Litt ist mit dieser Forderung allerdings nicht gemeint, daß durch die pädagogische Reflexion der alle individuellen und gesellschaftlichen Lebensbereiche beeinflussenden "Sachordnung" die Sache selbst den Charakter eines "Seinsollenden" für Erziehungs- und Bildungsvorgänge erhalte. Denn nicht in der Sache an sich, sondern vielmehr in der Sacherkenntnis und Sachbewältigung des forschenden und handelnden Individuums besteht nach Litt der Gegenstand erzieherischer Zielsetzungen (78). Die pädagogische Relevanz von Sacherkenntnis und "Sachbemeisterung" liegt nach ihm in ihrer welterschließenden Funktion begründet. Deren bildende Wirkung ergibt sich nach Litt aus dem durch die Natur angeregten Willen, "das eigene Denkvermögen in die methodisch disziplinierte Tätigkeit zu versetzen", durch welche die Natur zum Gegenstand mathematisch-naturwissenschaftlicher und technologischer Erkenntnis und Praxis werde (79). Die Bildungsbedeutung der Sacherkenntnis und -erschließung besteht nach Litt demgemäß darin, daß der Mensch durch die naturwissenschaftliche Erforschung natürlicher Zusammenhänge und der Anwendung dieser Erkenntnisse in der Praxis nicht nur seiner eigenen Bestimmung als geistiges Wesen, sondern auch der von Natur und Welt an ihn herangetragenen Forderung nach Sacherkenntnis und -bemeisterung gerecht werde (80). Die in der Auseinandersetzung des Menschen mit der Sache vollzogene Bildung bezieht sich nach Litt daher nicht nur auf den Bereich der mathematisch-naturwissenschaftlichen Erkenntnis und der angewandten Wissenschaftsdisziplinen, sondern auch auf alle Arbeitsbereiche im industriellen Produktionsprozeß, unabhängig davon, ob sie einen leitenden oder einen angeleiteten Charakter besitzen (81).

Diese bildende Wirkung, welche von der Sacherkenntnis und Sachbewältigung ausgehe, läßt sich auch an der Sprache und ihrer Ausformung zur Sachsprache aufzeigen, in welcher Litt nicht nur eine spezifisch ausgeprägte Sprachform bzw. "Sprachfunktion" sieht, sondern ihr zugleich auch die Funktion der Welt- und Naturerschließung zuerkennt (82). Daraus ergeben sich entscheidende bildungstheoretische Konsequenzen. Nach Litt ist die Vermittlung des Erkenntniszusammenhanges von Naturwissenschaft und Technik und der sich daraus entwickelten industriellen Produktionsformen und -bereiche daran gebunden, daß die jeweils jüngere Generation in die Sachsprache eingeführt wird. Den Grund hierfür sieht Litt darin, daß Sacherkenntnis und -bewältigung durch die Sachsprache konstituiert werden und núr insofern möglich sind, als sie im Medium der Sprache geschehen. Litt führt dies folgendermaßen aus: "Von der 'Sache' ist nicht abzutrennen die Sprache, in der sie niedergelegt und fixiert ist. Die Wortbezeichnung ist nicht die nachträgliche Etikettierung einer Sache, die bereits in wortloser Form in Besitz genommen wäre. Vielmehr sind Profilierung der Sache und Präzisierung des sie bezeichnenden Wortes nur zwei Seiten eines und desselben Vorgangs. Es würde keine mathematische Naturwissenschaft geben ohne die Ausdrücke, in denen ihre Entscheidungen sich gestalten. Es würde keine Technologie geben ohne die Ausdrücke, in denen ihre Anweisungen ergehen. Es würde keine Organisation der Arbeit geben ohne die Ausdrücke, in denen ihre Ordnungen vorgeschrieben werden. In jeder dieser Formen des Gebrauchs ist die Sprache gekennzeichnet durch die Eigentümlichkeiten, die auch dem durch sie Bezeichneten zukommen" (83).
Nach Litt erschließt sich dem Menschen in der Sachsprache nicht nur die Sacherkenntnis, sondern auch die damit verbundenen rationalen Denkformen sowie die auf Sachbewältigung ausgerichteten Handlungsweisen. Die bildende Kraft der Sachsprache besteht dem-

gemäß darin, dem Menschen entscheidende Möglichkeiten der Selbstgestaltung und Weltbemeisterung zu eröffnen.

Zugleich aber weist Litt darauf hin, daß die durch die Sachsprache erschlossene Sacherkenntnis und -bemeisterung zu einer technischen Beziehung zwischen Mensch und Welt führen könne, in der das persönliche Sein des Individuums nicht in das sachgebundene Handeln eingehe (84). Der Gefahr einer in diesem Sinne entindividualisierten Natur- und Welterfahrung, welche zu einer Versachlichung der Lebens- und Arbeitswelt führe, läßt sich nach ihm nur dadurch begegnen, daß der zwischenmenschliche Umgang und der unmittelbare Umgang mit der Natur eingeübt und gepflegt werde. "Umgang" erfaßt Litt damit als grundlegende anthropologische Kategorie, mit deren Hilfe der Mensch sowohl in seiner Sozialität als auch in seinem Natur- und Weltbezug als Subjekt seines Handelns und seiner Geschichte bestimmt werden kann. Dem zwischenmenschlichen Umgang erkennt Litt eine gemeinschaftserhaltende Kraft zu und räumt ihm eine charakterbildende Wirkung im Erziehungs- und Bildungsprozeß ein (85). Diese Bildungswirkung geht nach Litt vor allem von der Umgangssprache aus, deren Einübung den Zögling in die Lage versetze, zwischenmenschliche Verkehrsformen zu pflegen und seine unmittelbaren Natur- und Welteindrükke sprachlich zu gestalten. Durch die Verfolgung dieser beiden Zielsetzungen werde dem Zögling ein Bezug zur Welt und zu seiner eigenen Persönlichkeit eröffnet, der mit einer nur sachlich bestimmten Auseinandersetzung mit Natur und Welt nicht gewonnen werden könne (86).

Die charakterbildende Wirkung des Umgangs durch die Einübung in die Umgangssprache bezieht sich nach Litt jedoch nicht nur auf den zwischenmenschlichen Umgang, sondern ebenso auf den unmittelbaren Umgang des Menschen mit der Natur. Auch hier sei es Aufgabe von Erziehung und Bildung, der Gefahr entgegenzuwirken, "die den Menschen durch ihre Anrede suchende Natur, die Natur der Farben, Formen, Klänge, Stimmungen" nur noch im Sinne einer "wissenschaftlich rubrizierten und technisch disziplinierten Natur" zu erfahren (87). Dieser Naturumgang läßt sich nach Litt vor allem als eine geistige, d.h. durch Reflexion bestimmte Form der Auseinandersetzung mit der Welt begreifen, deren Ziel es sei, die im Umgang unmittelbar erlebte Natur mit künstlerischen Mitteln zu gestalten. Die "daseinserhellende" Kraft der Kunst kommt nach Litt jedoch nicht nur in der ästhetischen Bildung zur Geltung, sondern auch in der bildenden Beschäftigung mit der Literatur. Die Aufgabe literarischer Bildung besteht nach Litt einerseits darin, dem Zögling durch die Auseinandersetzung mit der dichterischen Sprache ein ästhetisches Bewußtsein zu vermitteln und so ein Gegengewicht zur sachorientierten Bildung zu schaffen. Andererseits erfaßt Litt die Wirkung der literarischen Bildung auch im Sinne einer dialektischen Vermittlung von Umgangs- und Sachbildung. Der Grund hierfür besteht nach Litt darin, daß vor allem die Dichtungen einen Bildungswert beanspruchen können, die sich mit der gesellschaftlichen Realität der durch Naturwissenschaft und Technik bestimmten Sach- und Arbeitswelt auseinandersetzen, da in ihnen nicht nur eine ästhetische Form ausgestaltet sei, sondern zugleich auch das Spannungsverhältnis von Mensch und Sache erörtert werde. Mit Litts Worten: "So findet in dem Gegeneinander von Sachsprache und dichterischer Sprache, von denen die eine so gut wie die andere in unserem Leben ihren Platz beanspruchen darf, die Antinomie des Menschlichen ihren schärfsten Ausdruck. ... Aber eine Dichtung, die sich durch ihr ästhetisches Gewissen zur Absage an die Welt der sachgebundenen Arbeit verpflichtet glaubt, sucht sich damit aus einer Spannung zu lösen, deren Unaufhebbarkeit sie durch ihre eigene im gleichen Spannungsfelde stehende Sprache bezeugt. Sie trägt, sich dergestalt absondernd, an ihrem Teil dazu bei, den Menschen der Wirklichkeit zu entfremden, deren Gegensätze er sehen und bestehen muß, um nicht von ihnen verschlungen zu werden" (88).

Sachsprache und dichterische Sprache erfaßt Litt dabei nicht als zwei von einander unabhängige Sprachen, sondern als Sprachformen, die sich im historischen Prozeß aus der Umgangssprache als der ursprünglichen Sprache menschlicher "Weltverbundenheit" herausentwickelt haben, ohne jedoch diesen ursprünglichen Zusammenhang völlig zu verlieren. Die Umgangssprache erscheint so als eine Sprache, die nicht nur unmittelbare Welterfahrungen und zwischenmenschliche Beziehungen zu gestalten vermag, sondern die auch die sich in der Sprache manifestierende Grundantinomie von Mensch und Sache der Reflexion erschließt (89).

# 5 SPRACH- UND LITERATURDIDAKTISCHE ANSÄTZE LITTS

## 5.1 ZUM PROBLEM DER SPRACHE IN DER HISTORISCHEN BILDUNG

In seiner ersten Periode entwickelt Litt einen Ansatz, der auf der Grundlage seiner strukturtheoretisch ausgerichteten Sozialphilosophie die "Bildungsaufgaben des geschichtlichen und sprachlichen Unterrichts" der höheren Schulen zu erfassen sucht (1). Hierbei geht Litt von einer Analyse des geschichtswissenschaftlichen Erkenntnisprozesses aus. In Anlehnung an G. Simmel sieht Litt die Geschichtswissenschaft durch einen intentional fundierten, teleologisch ausgerichteten Erkenntnisprozeß bestimmt (2). Die geschichtswissenschaftliche Erkenntnis werde durch hermeneutische Denkfunktionen, d.h. durch methodologische Prinzipien der Hermeneutik festgelegt, die es ermöglichen, "daß ein weitschichtiges Erkenntnismaterial gesammelt, geordnet, gesichtet, vereinfacht und zu historischen Begriffen geformt wird" (3). Diese Bestimmung der Geschichtswissenschaft als hermeneutische Wissenschaftsdisziplin ist nach Litt allerdings nicht im Sinne einer Abbildung zu verstehen, mit welcher die historische Wirklichkeit unvermittelt wiedergespiegelt werden könne. Vielmehr erfaßt er die geschichtswissenschaftliche Begriffsbildung als einen selbst geschichtlich bedingten Übersetzungsprozeß, welcher aufgrund der ständigen Weiterentwicklung der historischen Forschung stets erneut auf die Stimmigkeit und Schlüssigkeit seiner Aussagen überprüft werden müsse und keine endgültigen Erkenntnisse erbringen könne. Diese Relativierung bezieht Litt jedoch nicht nur auf die historische Erkenntnis der Vergangenheit, sondern auch auf das Verstehen der Gegenwart und den in ihr enthaltenen Tendenzen der zukünftigen geschichtlichen Entwicklung (4). Das historische Verstehen begreift Litt daher "nicht nur" als "eine Synthese von Vergangenheit und Gegenwart", sondern auch als "ein vorwegnehmendes Deuten der Zukunft" und sieht es durch ein offenes und hypothetisches Moment gekennzeichnet, das sowohl zu einem historisch adäquaten Verstehen als auch zu einem pseudohistorischen Verstehen bzw. zum Mißverstehen von Geschichte und Gegenwart führen könne (5).

Insbesondere der höheren Schule weist Litt die Aufgabe zu, den Lernenden zum richtigen Verstehen von Vergangenheit und Gegenwart zu befähigen. Dieses Ziel wird nach Litt jedoch nicht erreicht, wenn der Unterricht primär darauf ausgerichtet ist, den Stoff möglichst umfassend zu vermitteln. Den Grund für diese Kritik sieht Litt nicht nur darin, daß die zeitlichen Rahmenbedingungen des Unterrichts eine umfassende Behandlung historischer Epochen oder Gebiete unmöglich machen und lediglich "eine erste Übersicht, eine vorläufige Orientierung über ein unabsehbar weites Stoffgebiet" erlauben (6). Weit entscheidender als diese Kritik ist nach Litt, daß das diesem Konzept zugrunde liegende didaktische Prinzip von einem falschen Verständnis von Geschichtsunterricht ausgeht. Dieses Prinzip beschreibt Litt als eine "Anschauung", die "das historische Erkennen" als "ein einfaches Hinnehmen, Ablesen eines fertig Gegebenen" erfaßt (7). Dadurch werde dem Schüler der Stoff "als fertiges Wissen" vermittelt, das "ohne die produktiven Kräfte des Erkennens in Bewegung zu setzen" nur noch rezeptiv übernommen werden müsse (8). Im Gegensatz dazu betont Litt, daß eine Erziehung zum historischen Begreifen nur unter der Bedingung geschehen könne, daß der Schüler den Prozeß historischer Begriffsbildung in seiner Genese erfassen und nachvollziehen könne. Dies setzt nach Litt voraus, daß der zu behandelnde Stoff den individuellen und entwicklungsbedingten Lernvoraussetzungen entsprechend ausgewählt wird. Die Kriterien einer solchen Auswahl sieht Litt einmal in der "Verdichtung" des Stoffes zu einem Ganzen, das in qualitativer Hinsicht vollständig im Unterricht erarbeitet werden kann. Zum anderen nennt er das Kriterium der "Verdeutlichung", wobei er darunter die qualitative Beschaffenheit des Stoffes meint, der dem jeweiligen entwicklungsbedingten Denkvermögen des Schülers entsprechen muß, damit dieser das Wesen des historischen Gegenstandes begrifflich erfassen kann (9).

In diesem Zusammenhang weist Litt auf die Bedeutung der Sprache für den Bildungsprozeß hin. Einerseits stelle die Sprache ein "unbewußt" geschaffenes "Werk gemeinsamen Denkens und Fühlens" dar, in welchem "die kollektive Individualität der sprachschöpfenden Gemeinschaft ihr innerstes Wesen zu sichtbarer Verkörperung verdichtet" habe (10). Andererseits erfaßt Litt die Sprache auch in ihrer schriftsprachlichen Form als Voraussetzung der Entwicklung literarischer Ausdrucksformen, in denen "die individuellen Geister der Vergangenheit ihr innerstes Wesen aus sich heraustreten und sichtbar werden" lassen (11). Zwar räumt Litt ein, daß sich neben Sprache und Sprachdenkmälern auch andere Formen, wie z.B. Musik, für den historischen Bildungsprozeß eignen würden. Aber die sich nicht sprachlich artikulierenden Künste haben nach Litt nur einen nachgeordneten Bildungswert für die historische Erkenntnis, da sie viel schwerer begrifflich zu erfassen seien als Sprachdenkmäler (12).

Vor allem "die Gegenstände des fremdsprachlichen Unterrichts" erfaßt Litt als den geeigneten Stoff der historischen Bildung (13). Der Grund hierfür besteht nach Litt darin, daß bei der Behandlung fremder Sprachen und literarischer Werke Denkformen eingeübt werden, die auch beim Geschichtsunterricht angewandt werden müssen. Hierbei betont Litt, daß mit dieser Bezugsetzung des fremdsprachlichen Unterrichtstoffes auf historische Bildungsprozesse keine Gleichsetzung des Geschichtsunterrichts mit dem Sprachunterricht gemeint sei, da dieser verschiedene Zielsetzungen und Gegenstandsbereiche habe, die teilweise einen eigenständigen Charakter besäßen. So betrachte der Sprachunterricht naturwissenschaftliche und psychologische Themen, führe den Zögling bei der Verfolgung seiner Fragestellungen zugleich in die Grundlagen logischen Denkens ein und erschließe ihm ästhetische und ethische Werte (14). Alle diese Bereiche berühren nach Litt in unterschiedlicher Weise die historische Bildung. In den "auf logischem Wege gewonnenen Erkenntnisse(n)" sieht Litt nicht den Inhalt, sondern vielmehr die methodische Voraussetzung geschichtlicher Bildung (15). Und ebenso ist der Bezug auf die "individuell-geistigen Formen der Sprache" von Litt nicht im Sinne eines sprachgeschichtlichen Unterrichts gemeint (16). Vielmehr besteht nach Litt die Bedeutung des Sprachunterrichts für die historische Bildung darin, aus "den Inhalten, Zusammenhängen und Gesetzen" der Sprache, die ihr spezifisches "Eigenleben" ausmachen, "das Wesen der historischen Individualität", d.h. "des sprachschöpfenden Volkes" hermeneutisch zu ermitteln (17).

Die Grundlage einer solchen Sprachreflexion besteht nach Litt in der Einübung von Übersetzungen aus der eigenen in eine fremde Sprache. Mit solchen Übungen werde dem Zögling erschlossen, "daß eine und dieselbe Wirklichkeit sich in dem Geist der sprachschöpferischen Gemeinschaften durchaus verschieden spiegelt, daß der sprachliche Ausdruck nicht eine passive Reaktion auf den äußeren Eindruck ist, sondern ein schöpferisches Gestalten und Ordnen des Gegebenen" (18). Einen weiteren Bereich einer solchen Sprachreflexion im Dienste historischer Bildung sieht Litt in der Interpretation fremdsprachlicher Texte (19). Hierbei sei das Bildungsziel jedoch nicht in der Vermittlung von Erkenntnissen über historische Zusammenhänge zu sehen, da in einer bloßen Wissensvermittlung keine die Denkleistung des Zöglings aktivierende Bildungswirkung zu erkennen sei, sondern es bestehe in der Fähigkeit, einen Text "als Äußerung einer historischen Individualität" zu verstehen (20).

Allerdings beschränkt sich die pädagogische Bedeutung der Sprache nach Litt nicht nur auf die Vermittlung des historischen Verstehens, sondern gilt ebenfalls für die Erschließung von Sprache als Paradigma des objektiven Geistes, d.h. als ein geistiges "Gebilde, das ... den Gemeingeist in einer schlechthin einzigartigen Form verkörpert und verdichtet" (21). Dieses Bildungsziel läßt sich nach Litt vor allem durch die Behandlung sprachgeschichtlicher Fragestellungen im altsprachlichen Unterricht erreichen. Neben der vergleichenden Betrachtung zweier Entwicklungsstadien einer Sprache, wie etwa dem Vergleich der homerischen mit der attischen Variante des Griechischen, sieht Litt auch die Untersuchung einzelner sprachlicher Entwicklungsstufen einer Sprache als bedeutend an (22). Im Gegensatz aber zur bloß sprachimmanent bleibenden Analyse der Lautbildungen, Regeln etc. im Sinne des sprachgeschichtlichen Unterrichts zielt Litt auf die "Festlegung der geistigen Bildungskräfte" ab, welche den Konventionalisierungsprozeß der Sprachen und die Ausprägung ihrer Strukturen bestimmen (23). Demgemäß hat der Sprachunterricht nach Litt die Aufgabe, das "Hervorgehen des wohlgeordneten Systems" der Sprache "aus dem ursprünglich wilden Wachstum aus dem vorliegenden Sprachbefund abzulesen und in diesem Prozeß das Walten tiefster Grundkräfte der menschlichen Seele nachzuweisen" (24). Diese sprachvergleichende Fragestellung bezieht Litt nicht nur auf die Untersuchung der Entstehungsbedingungen und Entwicklungsprozesse der Sprache, sondern auch auf die Behandlung von literarischen Werken im Sprachunterricht, da in ihnen die sich immer erneuernde "Auseinandersetzung zwischen dem objektiven Geist der Sprache und der Individualität" des Dichters besonders deutlich ausgedrückt werde (25). In diesem Sinne bezeichnet es Litt als Aufgabe des Literaturunterrichts, sowohl den gedanklichen Zusammenhang als auch die sprachliche Gestaltung eines literarischen Werks zu behandeln, um dem Zögling ein umfassendes Verständnis der Individualität des Dichters zu ermöglichen (26).

## 5.2 ZUR KRITIK DES KULTURKUNDLICHEN DEUTSCHUNTERRICHTS

In der zweiten Periode konzentriert sich Litts Auseinandersetzung mit Fragen des Sprach- und Literaturunterrichts auf die Kritik des innerhalb der Reformpädagogik entwickelten kulturkundlichen Deutschunterrichts. Das "kulturkundliche Unterrichtsprinzip" erfaßt Litt als eine formale bildungstheoretische Zielsetzung, die sich auf die Auswahl und Behandlung kultureller Bildungsgüter im Literaturunterricht bezieht (27). In dieser Konzeption erkennt Litt das Resultat einer allgemeinen geistesgeschichtlichen Entwicklung, die zur Neuorientierung der philologischen und historischen Wissenschaftsdisziplinen im Sinne einer Synthese geführt habe, deren Ergebnis die wissenschaftstheoretische Grundlegung der Geisteswissenschaften durch Dilthey sei (28). Nach Litt besteht die bildungstheoretische Zielsetzung des kulturkundlichen Ansatzes darin, die Bildungsgüter als Phänomene des objektiven Geistes zu interpretieren und diejenigen seelischen Kräfte zu erfassen, welche sich in den Bildungsgütern manifestieren. Diese seelischen Kräfte würden vom kulturkundlichen Ansatz als systematisch strukturierte Ganzheit verstanden, welche einerseits als Ganzheit der Persönlichkeit des einzelnen Kulturschaffenden zu begreifen sei und andererseits als Ganzheit der Kulturgemeinschaft erfaßt werde. Der zweite Aspekt gilt nach Litt insbesondere für die kulturkundliche Interpretation des Mythos, der Sage, der Sprache etc., d.h. solchen Formen des objektiven Geistes, die aus der Sicht des kulturkundlichen Ansatzes die Voraussetzung eines jeden geistigen und kulturellen Wertes darstellten (29).

Zwar hat Litt gegen diese Zielsetzungen des kulturkundlichen Ansatzes prinzipiell nichts einzuwenden, zumal er selber in seiner ersten Periode eine solche strukturtheoretische Konzeption des Sprachunterrichts entwickelte und am Strukturbegriff - allerdings mit einem anderen Bedeutungsgehalt - auch in seiner zweiten Periode festhält (30). Aber Litt äußert grundlegende Bedenken gegen Vorschläge zur unterrichtlichen Verwirklichung des kulturkundlichen Ansatzes, wie sie insbesondere W. Hübner, E. Schön und U. Peters entwickelten (31). In diesen Ansätzen werde die Tendenz verfolgt, das strukturanalytische Vorgehen zum zentralen Anliegen des Unterrichts zu erheben und alle anderen Betrachtungsweisen, sofern sie sich nicht unmittelbar aus der strukturanalytischen Fragestellung ergäben, abzulehnen. Dieser Ausschließlichkeitsanspruch der Strukturanalyse stelle jedoch eine Fehldeutung der Strukturtheorie dar. Bei dieser Interpretation werde nicht berücksichtigt, daß die Strukturanalyse den Stellenwert einer metatheoretischen Reflexion besitze, welche stets an die gegenständliche Werkinterpretation gebunden sei. Dies verdeutlicht Litt am Beispiel der Interpretation literarischer Texte im Unterricht: "Ehe ich daran denken kann, in einem literarischen Dokument die Züge seines Urhebers herausspüren zu wollen, muß ich zunächst einmal den Sinn dieses Dokumentes erfaßt haben, der ganz unabhängig von dessen seelischer Verfassung sowie von den schöpferischen Erlebnissen, deren Schauplatz seine Seele war, in sich selbst seinen Bestand hat. Und dieser Sinn zerlegt sich dabei, recht besehen, je nach der besonderen Art des Werkes in Schichten gegenständlichen Gehalts: da ist zunächst und vor allem der reine Wortsinn im engeren Sinne; da ist weiterhin der je nachdem theoretische, ethische, ästhetische, religiöse Sinngehalt oder auch die Durchdringung dieser, wie sie das Werk als Ganzes darbietet" (32).

Zwar betont Litt, auch die Vertreter des kulturkundlichen Ansatzes gingen von einer solchen phänomenologischen Analyse des gegenständlichen Sinngehalts von literarischen Texten aus. Aber darin sei keinesfalls die Verfolgung einer eigenständigen Fragestellung zu sehen. Vielmehr sei dieses Bemühen um eine gegenständliche Textinterpretation lediglich als Versuch einer "Mittelbestimmung" aufzufassen, d.h. als Voraussetzung zur Erreichung des wirklichen Zwecks der kulturkundlichen Textinterpretation, der Strukturanalyse, zu verstehen. In diesem Sinne verweist Litt auf die programmatischen Thesen von U. Peters, mit denen dieser die Grundlagen und Zielsetzungen des kulturkundlichen Ansatzes beschreibt: "Nicht die Eigengesetzlichkeit des Kunstwerkes, des Staats, der Wirtschaft, des Rechts und der Sprache ... sondern die historische Betrachtung soll für uns maßgebend sein, für die Sprache, Recht, Wirtschaft, Staat, Kunstwerk eingeschmolzen in das Ganze und nur aus ihm heraus zu verstehen sind" (33). Gegen diese Konzeption wendet Litt ein, das Mittel-Zweck-Verhältnis sei ein Denkschema, welches dem Bereich der Naturwissenschaft und Technik angehöre, und könne nicht auf "die Sphäre des Geistes, der Kultur, der Bildung" übertragen werden (34).

Dies bedeutet jedoch nicht, daß Litt jede strukturtheoretische Erörterung von Texten im Sprach- und Literaturunterricht als illegitim abgelehnt hätte. Vielmehr richtet sich seine Kritik entscheidend gegen die Realitätsfremdheit, mit der sich die Vertreter des kulturkundlichen Ansatzes über die schulischen Erfordernisse und der in ihnen begründeten gegenstandsorientierten Arbeitsweisen hinwegsetzten (35).

Mit dem Hinweis auf die Notwendigkeit einer gegenstandsorientierten Textinterpretation im Sprach- und Literaturunterricht ist die Kritik, welche Litt am kulturkundlichen Ansatz übt, jedoch nicht erschöpft. Denn nicht in der Analyse der Struktur der Persönlichkeit des einzelnen kulturschaffenden Individuums ist nach Litt das zentrale Anliegen dieser bildungstheoretischen Konzeption zu sehen, sondern in der Untersuchung der "Struktur umfänglicher Lebensganzheiten" (36). Diesen umfassenden Ganzheitbegriff interpretiert Litt im Sinne des Spenglerischen Kulturverständnisses als "Kollektivsubjekte des geschichtlichen Prozesses" (37). In der Analyse der Seelenstruktur des einzelnen Individuums erkennt Litt daher kein eigenständiges Bildungsziel des kulturkundlichen Ansatzes, sondern lediglich ein Teilziel, welches zum übergeleiteten Ziel, der Analyse der charakterologischen Struktur der Kulturgemeinschaften, führen solle. Die bildungstheoretische Relevanz, welche die Vertreter des kulturkundlichen Ansatzes in diesem strukturanalytischen Wissen sähen, erfaßt Litt in zweifacher Hinsicht. Einerseits beziehe sich der kulturkundliche Ansatz auf ein theoretisches Bildungsziel. Diese theoretische Zielsetzung basiere auf der These, daß die Kenntnis der charakterologischen Struktur der Kulturgemeinschaften zu einem Wissen der Bedingungen und Zusammenhänge des geschichtlichen Wandels der Völker führe. Andererseits sei die Kulturkunde auch durch eine praktische Fragestellung gekennzeichnet, welche auf der Annahme basiere, daß mit dem kulturgeschichtlichen Wissen zugleich auch eine rationale Planung und Gestaltung der geschichtlichen Entwicklung der eigenen Gemeinschaft möglich werde (38).

Der kulturkundliche Ansatz ist nach Litt durch die Zielsetzung bestimmt, die Struktur einer Kulturgemeinschaft als "ein teleologisches Gefüge von Konstanten der seelischen Bewegung" zu erfassen und die Bedingungen der geschichtlichen Entwicklung eines Volkes durch quasi naturhafte Gesetzmäßigkeiten zu erklären (39). In diesem Sinne begreift Litt die kulturkundliche Strukturanalyse als ein am Prozeß der naturwissenschaftlichen Erkenntnis gebundenes theoretisches Erklärungsmodell, das darauf ausgerichtet sei, die realen Ordnungsprinzipien der Kulturgemeinschaften angemessen abzubilden und daraus Aussagen über die konkreten Entwicklungsmöglichkeiten der eigenen Kulturgemeinschaft abzuleiten. Demgegenüber wendet Litt ein, ein solcher Versuch müsse notwendig scheitern, da die deskriptiv ermittelten Strukturkategorien lediglich modelltheoretische Konstruktionen darstellten und nicht mit den faktischen Ordnungskräften des gemeinschaftlichen Handelns identisch seien (40). Aus dieser Kritik folgert Litt, daß der kulturkundliche Ansatz erst dann bildungstheoretisch von Bedeutung sei, wenn er nicht zum Schwerpunkt des Unterrichts gemacht werde, sondern als eine mögliche Interpretationsweise neben anderen gelte (41).

Seine Kritik am kulturkundlichen Ansatz begründet Litt jedoch nicht nur mit dem Verweis auf die theoretischen und methodischen Schwächen des strukturanalytischen Verfahrens. Vielmehr ist der entscheidende Grund seiner Kritik in der technologischen Ausrichtung der kulturkundlichen Fragestellung zu sehen. Hierbei weist Litt darauf hin, die Vertreter des kulturkundlichen Ansatzes sähen in der Kulturkunde kein eigenständiges Unterrichtsprinzip, sondern erfaßten dieses Prinzip lediglich als Mittel zum Zweck der Selbsterkenntnis. Das Bildungsziel des kulturkundlichen Ansatzes, die Strukturprinzipien anderer Kulturgemeinschaften im Unterricht zu behandeln, ist nach Litt daher nicht in der Intention begründet, den Schülern die Kulturformen und Kulturgüter anderer Gemeinschaften zu erschließen, sondern ausschließlich auf die Vermittlung von Kenntnissen über die eigene Kultur bezogen. Die Kulturkunde sieht Litt so in die "Deutschkunde" übergehen und zur allgemeinen Grundlage des sprachlichen und geschichtlichen Unterrichts, aber auch anderer geisteswissenschaftlich ausgerichteter Unterrichtsfächer werden. In diesem Sinne zitiert Litt W. Hofstaetter, welcher die These aufstellt, daß "die anderen Fächer nur insoweit Bedeutung und Berechtigung" für den Sprach- und Literaturunterricht hätten, "als sie dazu helfen, das in den deutschkundlichen Fächern Gewonnene zu erweitern und zu vertiefen" (42). Gegenüber dieser Forderung betont Litt, ein solcher technologischer Ansatz könne niemals die Zielsetzung erreichen, dem Schüler durch vergleichende Betrachtungen einzelner Kulturwerke und -formen einen Einblick in das Wesen deutscher Kultur zu verschaffen, da übersehen werde, daß die Erkenntnis der eigenen Kultur nur insofern möglich sei, als der Selbstwert fremder Kulturen prinzipiell anerkannt werde (43).

Die negative Folge der Verwendung des Zweck-Mittel-Denkens zur Lösung nichttechnischer Probleme besteht nach Litt jedoch nicht nur in der Widersprüchlichkeit des deutschkundlichen Bildungsideals und der daraus resultierenden Vermittlung eines falschen Verständnisses sowohl der fremden als auch der eigenen Kulturgemeinschaft. Vielmehr erscheine die bildungstheoretische Konfusion des kulturkundlichen Ansatzes selbst als "Teilausdruck einer sehr viel weiter greifenden, einer letzten Grundes sittlichen Schädigung", welche sich in der Unterordnung fremder Kulturen gegenüber der eigenen Kulturgemeinschaft ausdrücke (44). In dieser Auswirkung lasse sich die gefährliche Tendenz eines falschen Nationalismus erkennen. Hierbei bezieht sich Litt auf den Ansatz, den M. Paul in seiner Schrift *Das Bildungsideal des deutschen Menschen* entwickelte (45). Nach Litt ist dieser Nationalismus als Ausdruck eines absoluten Wertrelativismus zu begreifen. Dieser Wertrelativismus stelle die entscheidende Voraussetzung der technologischen Ausrichtung des kulturkundlichen Ansatzes dar. Die deutschkundliche Forderung, dem Schüler eine vertiefte Einsicht in das Wesen deutscher Kultur zu vermitteln, erfaßt Litt nicht als ein eigenständiges Bildungsziel, sondern lediglich als Mittel zum Zweck der Heranbildung des Deutschtums (46). Die Ursache dieser Relativierung bildungstheoretischer Zielsetzungen besteht nach Litt in der kulturkundlichen Interpretation des Diltheyschen Strukturbegriffs. Gegenüber dem ursprünglichen Bedeutungsgehalt des Strukturbegriffs, den Litt als geisteswissenschaftliches "Interpretationsinstrument" zur Analyse der Strukturmerkmale und Strukturprinzipien komplexer geistiger Zusammenhänge erfaßt, stelle der Strukturbegriff des deutschkundlichen Ansatzes ein "Wertbegriff" dar, welcher die Strukturbeschreibung der geistigen Wirklichkeit zur "Idee eines Seinsollenden" erhebe (47).

Die bildungstheoretische Sollensforderung, dem Schüler die Wertstrukturen der deutschen Kulturtradition zu erschließen, erfaßt Litt allerdings nicht als pädagogisch legitimierbar und logisch begründetes Bildungsziel, das sowohl den in der Sache liegenden Anforderungen als auch den individuellen Lernvoraussetzungen des Zöglings gerecht werden könne. Vielmehr begreift Litt den Versuch, die Komplexität der Wertbildungen der deutschen Kultur auf einige wenige Strukturmerkmale zu reduzieren und in dieser reduzierten Form zum Gegenstand des Bildungsprozesses zu machen, als gefährlichen "technologischen Begriffsschematismus", welcher den im Wesen des Bildungsgeschehens selbst grundgelegten Ansprüchen auf sachgerechter und differenzierter Behandlung der Kulturgüter nicht entsprechen könne (48).

In seiner dritten Periode verfolgt Litt sprach- und literaturdidaktische Fragestellungen nicht mehr explizit. Daher bleibt die Erörterung dieses Aspekts des Littschen Werkes auf die erste und zweite Periode beschränkt.

# 6 SCHLUSSBEMERKUNG

Das Verhältnis von Sprache und Bildung wird von Litt mit Hilfe erkenntnistheoretischer, sprachphilosophischer und bildungstheoretischer Ansätze, die von einer philosophisch-anthropologischen Betrachtungsweise getragen werden, zu erfassen versucht. Zwar versteht Litt dies nicht im Sinne einer systematisch entfalteten pädagogischen Theorie der Sprache, da er dieser Fragestellung nur einen paradigmatischen Stellenwert für die Entwicklung seiner pädagogischen und philosophischen Ansätze einräumt. Dennoch lassen sich aus diesen Konzeptionen allgemeine Grundlinien einer solchen pädagogischen Theorie gewinnen.

Als erster Aspekt einer pädagogischen Theorie der Sprache läßt sich die Analyse des Zusammenhanges von Erziehung und Sprache nennen. Diese Fragestellung wird von Litt insbesondere in seiner ersten Periode behandelt. Dort erfaßt Litt das Erziehungsverhältnis im Sinne eines symbolisch realisierten Interaktionsprozesses, der darauf ausgerichtet ist, dem Zögling bei seiner Selbstwerdung zu helfen, indem ihm solche Kenntnisse vermittelt werden, die nicht nur seinen Neigungen und Begabungen entsprechen, sondern ihn auch befähigen, an der Entwicklung der Kulturgemeinschaft produktiv mitzuwirken. Unter dieser Sicht erscheint das Erziehungsverhältnis als ein in die Kulturgemeinschaft eingebetteter dialogischer Kommunikationszusammenhang, in dem Erzieher und Zögling als prinzipiell gleichberechtigte Partner unterschiedliche Funktionen ausüben.

Ein weiterer Bereich einer solchen Theorie stellt die Untersuchung der pädagogischen Relevanz der Sprache dar. Sie versucht Litt einerseits dadurch vorzunehmen, daß er Bildungsfunktionen der Sprache bestimmt. Ausgangspunkt dieser Fragestellung bildet die anthropologische Reflexion der Sprache, welche Litt in seiner ersten und zweiten Periode im Zusammenhang mit seiner Kulturphilosophie und in seiner dritten Periode im Kontext seiner geistesphilosophisch begründeten philosophischen Anthropologie entwickelt. In seiner ersten Periode hebt Litt den allgemeinen Charakter der Sprache als paradigmatische Form des objektiven Geistes hervor und betont ihre Bedeutung für die soziale Integration des Zöglings in die Kulturgemeinschaft. Diesen Aspekt greift Litt in seiner zweiten Periode auf und ergänzt ihn durch die Analyse der Bildungswirkungen, welche vom persönlichen und vom

Sachgespräch ausgehen. Diese sieht Litt sowohl in der Ausbildung der Individualität als auch in der Schulung des Erkenntnisvermögens. In der dritten Periode vertieft Litt diese Analysen unter systematischer Sicht und erfaßt die Bildungsfunktionen der Sprache mit den Kategorien der Mensch-, Welt- und Selbstbildung. Andererseits erörtert Litt die pädagogische Relevanz der Sprache durch die Analyse der Bildungsfunktionen und -ziele des Sprach- und Literaturunterrichts sowie des Geschichtsunterrichts in seiner ersten und zweiten Periode. Sein Ziel ist, eine Gewichtung der betreffenden fachwissenschaftlichen Erkenntnisse nach ihrer bildungstheoretischen Relevanz vorzunehmen. In diesem Sinne besteht nach Litt die Bildungsfunktion des Sprachunterrichts u.a. darin, die sprachliche Ausdrucksfähigkeit und das logische Denken zu schulen. Demgegenüber begreift Litt die Vermittlung kulturgeschichtlicher Erkenntnisse als Hauptaufgabe des Literaturunterrichts.

Als dritter Themenbereich einer pädagogischen Theorie der Sprache bei Litt läßt sich die Analyse der erzieherischen Bedeutung spezifischer Sprachformen nennen. Eine solche Untersuchung führt Litt in seiner dritten Periode ansatzweise durch. Litt ermittelt drei spezifische Sprachformen, die Sach-, die Umgangs- und die dichterische Sprache, und ordnet ihnen verschiedene Bildungsfunktionen zu. Die pädagogische Relevanz der Sachsprache sieht Litt in der Vermittlung des von Naturwissenschaft und Technik bestimmten Sachwissens. Demgegenüber räumt Litt der Einübung umgangssprachlicher Kommunikationsformen im Unterricht einen charakter- und sozialbildenden Stellenwert ein. Die Bildungsfunktion der dichterischen Sprache schreibt Litt der Vermittlung eines ästhetischen Sprachbewußtseins zu. In dieser funktionalen Vermittlung von Sach-, Umgangs- und dichterischer Sprache ist nach Litt der Anspruch realisiert, einerseits der Gefahr einer ausschließlich auf dem Prinzip der Sache basierenden Bildung entgegenzuwirken und andererseits eine vertiefte literarische Auseinandersetzung mit der Sach- und Arbeitswelt zu ermöglichen.

Mit der Untersuchung der erzieherischen Sprachformen ist jedoch der Zusammenhang von Sprache und Bildung bei Litt nicht ausreichend erfaßt. Denn Litt bezieht die Sprachanalyse nicht nur auf den Erziehungs- und Bildungsprozeß, sondern auch auf die erziehungswissenschaftliche Theoriebildung. Für die Konzeption einer pädagogischen Theorie der Sprache im Sinne der Pädagogik Litts ergibt sich die Notwendigkeit, die sprachlogischen Voraussetzungen ihrer eigenen Aussagensysteme, Begriffsbildungen etc. zu erfassen und dadurch die intersubjektive Überprüfung ihrer Erkenntnisse zu ermöglichen. Damit gewinnt die pädagogische Theorie der Sprache bei Litt eine philosophische Dimension, welche sich auf die Letztbegründbarkeit ihrer Erkenntnis bezieht und auf eine Selbstverständigung der Theoriebildung ausgerichtet ist.

# ANMERKUNGEN

## Zu 1 Einleitung

1 R. Lassahn: Das Selbstverständnis der Pädagogik Theodor Litts. Pädagogik als Geisteswissenschaft. Wuppertal, Düsseldorf, Ratingen 1968, S. 133.

2 F. Roth: Das Gesetz der Sache als anthropologisches Prinzip der Pädagogik. - Eine Untersuchung über den Bildungsbegriff Theodor Litts. Frankfurt 1955.

3 Ebd., S. 8-16.

4 Ebd., S. 6.

5 Ebd., S. 16.

6 Ebd., S. 10ff. Vgl. hierzu auch: S. Marck: Die Dialektik in der Philosophie der Gegenwart. 2. Halbbd. Tübingen 1931, S. 77ff. Roth übernimmt die Argumentation und teilweise auch Formulierungen Marcks, ohne dies ausdrücklich anzugeben.

7 F. Roth, ebd., S. 13.

8 H.O. Schlemper: Reflexion und Gestaltungswille - Bildungstheorie, Bildungskritik und Bildungspolitik im Werke von Theodor Litt. Ratingen 1964, S. 15ff.

9 Ebd., S. 34ff.

10 Ebd., S. 37.

11 R. Lassahn, Das Selbstverständnis der Pädagogik Theodor Litts, a.a.O., S. 33.

12 Ebd., S. 35ff.

13 Ebd., S. 38.

14 J. Derbolav: Theodor Litt - Person und Gedanke. Überarb. Abdruck von: Theodor Litt 1880-1962, in: Bonner Gelehrte. Beiträge zur Geschichte der Wissenschaften in Bonn. Philosophie und Altertumswissenschaften. 150 Jahre Rheinische Friedrich-Wilhelm-Universität zu Bonn 1818-1968, S. 87-100. In: J. Derbolav: Frage und Anspruch. Wuppertal, Kastellaun, Düsseldorf 1970, S. 23.

15 Ebd., S. 24.

16 Ebd., S. 347.

17 Ebd., S. 22.

18 W. Ritzel: Philosophie und Pädagogik im 20. Jahrhundert. Darmstadt 1980, S. 148f.

19 Ebd., S. 135.

20 Ebd.

21 Ebd.

22 Einleitung, in: Th. Litt: Das Allgemeine im Aufbau der geisteswissenschaftlichen Erkenntnis. Mit einer Einleitung herausgegeben von F. Nicolin. Hamburg 1980, S. XIV. Bereits in seinem Aufsatz: Theodor Litt, in: J. Speck (Hrsg.): Geschichte der Pädagogik des 20. Jahrhunderts. Bd. II. Stuttgart 1978, S. 79ff, macht Nicolin auf diesen Zusammenhang aufmerksam.

23 F. Nicolin, Einleitung, a.a.O., S. XVI.

24 Ebd., S. XVII.

25 Th. Litt: Erkenntnis und Leben. Untersuchung über Gliederung, Methoden und Beruf der Wissenschaft. Leipzig u. Berlin 1923, S. 109. Litt bezieht sich hierbei auf seinen Aufsatz: Die Methodik des pädagogischen Denkens, in: Kant-Studien 26 (1921), S. 17-51.

26 Th. Litt: Pädagogik. In: P. Hinneberg (Hrsg.): Die Kultur der Gegenwart. T. I. Abt. VI. 3. durchges. Aufl. Leipzig u. Berlin 1921, S. 310. Vgl. hierzu auch: F. Nicolin (Hrsg.): Pädagogik und Kultur. Kleine pädagogische Schriften 1918-1926 von Theodor Litt. Bad Heilbrunn 1965, S. 106ff. Sowie: W. Schulz: Das Kulturverständnis in der frühen Pädagogik von Eduard Spranger und Theodor Litt.Ms. Tübingen 1983. Erscheint in einem Sammelband zur geisteswissenschaftlichen Pädagogik.

27 Th. Litt: Einleitung in die Philosophie, a.a.O., S. IVff.

28 Th. Litt: Erkenntnis und Leben, a.a.O., S. 171ff, S. 180ff, S. 203f.

29 Th. Litt: Individuum und Gemeinschaft. Grundlegung der Kulturphilosophie. 3. aberm. durchgearb. u. erw. Aufl. Leipzig u. Berlin 1926, S. 27ff. Th. Litt: Wissenschaft, Bildung, Weltanschauung. Berlin 1928, S. 109ff. Th. Litt: Ethik der Neuzeit. 2. unveränd. reprograf. Nachdr. d. Ausg. München u. Berlin 1931. Darmstadt 1976, S. 177ff.

30 Th. Litt: Möglichkeiten und Grenzen der Erziehung. Abhandlungen zur gegenwärtigen Lage von Erziehung und Erziehungstheorie. Leipzig u. Berlin 1926, S. 12.

31 Th. Litt: Philosophie und Zeitgeist. Leipzig 1935, S. 12ff, 16ff, 21ff.

32 Th. Litt: Mensch und Welt. Grundlinien einer Philosophie des Geistes. 2. durchges. Aufl. Heidelberg 1961, S. 198. Sowie: Th. Litt: Das Allgemeine im Aufbau der geisteswissenschaftlichen Erkenntnis. In: Berichte über die Verhandlungen der Sächsischen Akademie der Wissenschaften. Philologisch-historische Klasse. Bd. 93. 1. H. Leipzig 1941, S. 37ff, S. 70, Anmerkung 18.

33 Th. Litt: Individuum und Gemeinschaft. Grundlegung der Kulturphilosophie. 2. völlig neu bearb. Aufl. Leipzig u. Berlin 1924, S. Vff.

34 F. Nicolin: Hinweis, in: F. Nicolin, G. Wehle (Hrsg.): Theodor Litt. Pädagogische Analysen zu seinem Werk. Bad Heilbrunn 1982, S. 48ff.

35 Th. Litt: Wege und Irrwege geschichtlichen Denkens. München 1947, S. 8f.

36 Vgl. hierzu: J. Derbolav: Die Theorie der politischen Bildung im Gesamtwerk Theodor Litts. I,: Päd. Rundschau 2 (1982), S. 71ff. Sowie: W. Schulz: Das Kulturverständnis in der frühen Pädagogik von Eduard Spranger und Theodor Litt. a.a.O.

37 M. Vanselow : Kulturpädagogik und Sozialpädagogik bei Kerschensteiner, Spranger und Litt. Berlin 1927, S. 54ff. Vanselow bezieht sich hierbei auf die 2. völlig neu bearb. Aufl. von Th. Litt: Individuum und Gemeinschaft, a.a.O.

38 M. Vanselow, ebd.

39 Ebd., S. 55.

40 Ebd., S. 56.

41 Ebd., S. 86ff.

42 H. Pixberg: Soziologie und Pädagogik bei Willmann, Barth, Litt und Krieck. Langensalza 1929, S. 27ff.

43 Ebd. Pixberg bezieht sich bei dieser Interpretation auf die 2. teilweise umgearb. u. erw. Aufl. des Littschen Werks: Geschichte und Leben. Proble-

me und Ziele kulturwissenschaftlicher Bildung. Leipzig u. Berlin 1925, S. 95ff.

44 H. Pixberg, ebd.

45 Vgl. hierzu: S. Marck: Die Dialektik in der Philosophie der Gegenwart, a.a.O., S. 77ff, S. 85ff. Sowie: R. Bart: Das methodische Problem und das Problem der "Grenze" in der gegenwärtigen pädagogischen Literatur. Theodor Litt und Eberhard Grisebach. Jena 1932, S. 18ff.

46 A. Reble: Theodor Litt. Stuttgart 1950, S. 36f. Reble bezieht sich hierbei auf: Th. Litt: Wissenschaft, Bildung, Weltanschauung, a.a.O., S. 12ff.

47 A. Reble, ebd., S. 36.

48 A. Reble, ebd., S. 38.

49 G. Rahn: Theodor Litts "Philosophie des Geistes" und die Sprechspur. In: Sprechen und Spuren. Vierteljahresschrift des Forschungskreises für die Sprechspur. 6. Jahrg. H. 4 (1955), S. 49ff. Rahn stützt sich bei dieser Interpretation auf folgende Werke Litts: Mensch und Welt. Grundlinien einer Philosophie des Geistes. München 1948. Sowie: Einleitung in die Philosophie. Leipzig u. Berlin 1933.

50 G. Rahn, ebd., S. 50.

51 Ebd.

52 Ebd.

53 Ebd., S. 51.

54 Ebd.

55 Ebd.

56 Ebd., S. 51ff.

57 K. Daniels: Die Sprachphilosophie Theodor Litts. In: Muttersprache. Zeitschrift zur Pflege und Erforschung der deutschen Sprache. Jahrg. 1962, S. 269ff.

58 Ebd., S. 270.

59 Ebd., S. 271ff.

60 Ebd., S. 274.

61 Ebd., S. 276.

62 Ebd., S. 276ff.

63 Ebd., S. 278.

64 Ebd.

65 H.O. Schlemper: Reflexion und Gestaltungswille, a.a.O., S. 18ff, S. 40ff.

66 Schlemper bezieht sich hierbei hauptsächlich auf die 3. Aufl. des kulturphilosophischen Werks von Th. Litt: Individuum und Gemeinschaft, a.a.O., sowie auf die 2. verb. Aufl. von: Th. Litt: Einleitung in die Philosophie, a.a.O.

67 H.O. Schlemper, ebd., S. 19.

68 Ebd., S. 18.

69 Ebd., S. 41ff. Schlemper stützt diese Interpretation auf folgende Werke Litts: Mensch und Welt. 2. durchges. Aufl. a.a.O. Naturwissenschaft und Menschenbildung. 3. verb. u. erw. Aufl. Heidelberg 1959. Technisches Denken und menschliche Bildung. 2. Aufl. Heidelberg 1960. Wissenschaft und Menschenbildung im Lichte des Ost-West-Gegensatzes. 2. durchges. u. erw.

Aufl. Heidelberg 1959. Das Bildungsideal der deutschen Klassik und die moderne Arbeitswelt. 6. Aufl. 1959.

70 H.O. Schlemper, ebd., S. 43.

71 Ebd.

72 Ebd., S. 46f.

74 R. Lassahn: Das Selbstverständnis der Pädagogik Theodor Litts, a.a.O., S. 37ff.

75 Ebd. Lassahn bezieht sich hierbei auf: Th. Litt: Erkenntnis und Leben, a.a.O., S. 82ff.

76 R. Lassahn, ebd., S. 37ff.

77 J. Derbolav: Theodor Litt - Person und Gedanke, a.a.O., S. 17ff.

78 Th. Litt: Kant und Herder als Deuter der geistigen Welt. Leipzig 1930.

79 J. Derbolav: Theodor Litt - Person und Gedanke, a.a.O., S. 25.

80 L. Funderburk: Erlebnis, Verstehen, Erkenntnis. Theodor Litts System der Philosophie aus erkenntnistheoretischer Sicht. Bonn 1971, S. 41ff.

81 Ebd., S. 2.

82 Ebd., S. 18.

83 Ebd., S. 80.

84 Ebd., S. 110ff.

85 Ebd., S. 127.

86 Ebd., S. 145.

87 Ebd., S. 44.

88 Ebd.

89 Ebd., S. 45.

90 Ebd., S. 46.

91 Ebd., S. 49.

92 Ebd., S. 50.

93 K.O. Apel: Die Idee der Sprache in der Tradition des Humanismus von Dante bis Vico. 2. durchges. Aufl. Bonn 1975, S. 43ff. Apel stützt sich bei seiner Interpretation auf die 1. Aufl. des Littschen Werks: Mensch und Welt, a.a.O., Kap. XIII u. XIV.

94 K.O. Apel, ebd., S. 43.

95 Ebd., S. 44.

96 Ebd.

97 Ebd., S. 46.

98 Ebd., S. 47.

99 Ebd.

100 Ebd., S. 48.

101 H.J. Frank: Dichtung, Sprache, Menschenbildung. Geschichte des Deutschunterrichts von den Anfängen bis 1945. Bd. 2. München 1976, S. 712. Frank bezieht sich hierbei auf den Aufsatz von Litt: Gedanken zum "kulturkundlichen" Unterrichtsprinzip. In: Die Erziehung. Monatsschrift für den Zusammenhang von Kultur und Erziehung in Wissenschaft und Leben.

1. Jahrg. 1926, S. 38-57 u. 99-112.

102 H.J. Frank, ebd., S. 720ff.

103 Ebd., S. 722.

104 Ebd., S. 724.

105 Ebd., S. 725ff.

106 Ebd., S. 727.

107 B. Liebrucks: Das Problem der Sprachauffassung und der Vorrang der Eindeutigkeit bei Theodor Litt. In: J. Derbolav, C. Menze, F. Nicolin (Hrsg.): Sinn und Geschichtlichkeit. Werk und Wirkungen Theodor Litts. Stuttgart 1980, S. 91ff.

108 Ebd., S. 93.

109 Ebd.

110 Ebd.

111 Ebd.

112 Ebd., S. 95.

113 Ebd.

114 Ebd., S. 96ff.

115 Ebd., S. 97, S. 99.

116 Ebd., S. 99.

117 Ebd., S. 101.

118 Ebd., S. 110.

119 Ebd., S. 111.

120 Ebd.

121 Ebd., S. 115.

122 Ebd.

## Zu 2 Sprachphilosophische Aspekte der Erkenntnistheorie Litts

1 Vgl. hierzu: Th. Litt: Erkenntnis und Leben. Untersuchungen über Gliederung, Methoden und Beruf der Wissenschaft. Leipzig u. Berlin 1923, S. 44ff, S. 51ff, S. 57ff, S. 82ff. Sowie: Th. Litt: Wissenschaft, Bildung, Weltanschauung. Leipzig u. Berlin 1928, S. 15ff. Und: Th. Litt: Denken und Sein. Stuttgart 1948, S. 120ff.

2 Th. Litt: Erkenntnis und Leben, a.a.O., S. 139.

3 Vgl. hierzu: Th. Litt: Wissenschaft, Bildung, Weltanschauung, a.a.O., S. 15ff. Sowie: Th. Litt: Kant und Herder als Deuter der geistigen Welt. Leipzig 1930, S. 283f.

4 Vgl. hierzu: Th. Litt: Denken und Sein, a.a.O., S. 106ff.

5 Th. Litt: Erkenntnis und Leben, a.a.O., S. 9ff. Vgl. hierzu auch: R.B. Huschke-Rhein: Das Wissenschaftsverständnis in der geisteswissenschaftlichen Pädagogik. Dilthey - Litt - Nohl - Spranger. Stuttgart 1979, S. 191ff.

6 Th. Litt: Erkenntnis und Leben, a.a.O., S. 11.

7 Ebd.

8 Ebd.

9 Ebd., S. 15ff.

10 Ebd., S. 31.

11 Ebd., S. 32.

12 Ebd., S. 43.

13 Ebd., S. 53ff. Litt bezieht sich hierbei auf folgende Werke E. Husserls: Logische Untersuchungen. Halle 1922. Ideen zu einer reinen Phänomenologie und phänomenologischen Philosophie. I. Halle 1913.

14 Th. Litt: Erkenntnis und Leben, a.a.O., S. 55ff. Litt bezieht sich insbesondere auf das Werk von P. Natorp: Allgemeine Psychologie nach kritischer Methode. Tübingen 1912.

15 Th. Litt: Erkenntnis und Leben, a.a.O., S. 53.

16 Ebd., S. 56.

17 Ebd., S. 47, Anmerkung 1.

18 Ebd., S. 47.

19 Ebd., S. 52, Anmerkung 1.

20 Ebd., Anmerkung 2.

21 Ebd., S. 48.

22 Ebd., S. 83ff.

23 Ebd., S. 84.

24 Ebd., S. 61.

25 Ebd., S. 60.

26 Ebd., S. 66.

27 Ebd., S. 66ff.

28 Ebd., S. 67.

29 Ebd., S. 74ff.

30 Ebd., S. 87.

31 Ebd., S. 89.

32 Ebd., S. 90.

33 Ebd., S. 140.

34 Ebd., S. 141.

35 Ebd.

36 Ebd., S. 142.

37 Ebd., S. 92.

38 Ebd., S. 93.

39 Ebd., S. 108.

40 Th. Litt: Wissenschaft, Bildung, Weltanschauung, a.a.O., S. 1.

41 Ebd., S. 15-22.

42 Th. Litt: Einleitung in die Philosophie. Leipzig u. Berlin 1933, S. 137.

43 Ebd., S. 136.

44 Th. Litt: Wissenschaft, Bildung, Weltanschauung, a.a.O., S. 18.

45 Ebd.

46 Ebd., S. 32.

47 Th. Litt: Einleitung in die Philosophie, a.a.O., S. 118.

48 Ebd., S. 114ff.

49 Ebd., S. 83ff.

50 Th. Litt: Individuum und Gemeinschaft. Grundlegung der Kulturphilosophie. 3. aberm. durchgearb. u. erw. Aufl. Leipzig u. Berlin 1926, S. 5.

51 Ebd., S. 7.

52 Th. Litt: Einleitung in die Philosophie, a.a.O., S. 84.

53 Ebd., S. 84ff.

54 Th. Litt: Wissenschaft, Bildung, Weltanschauung, a.a.O., S. 26.

55 Th. Litt: Individuum und Gemeinschaft, a.a.O., S. 10.

56 Ebd., S. 15.

57 Ebd., S. 17.

58 Ebd., S. 20.

59 Th. Litt: Einleitung in die Philosophie, a.a.O., S. 10ff.

60 Th. Litt: Kant und Herder als Deuter der geistigen Welt, a.a.O., S. 283.

61 Th. Litt: Wissenschaft, Bildung, Weltanschauung, a.a.O., S. 16.

62 Ebd., S. 21ff.

63 Th. Litt: Einleitung in die Philosophie, a.a.O., S. 245.

64 Ebd., S. 246.

65 Ebd., S. 245ff.

66 Th. Litt: Denken und Sein. Stuttgart 1948, S. 5.

67 Ebd.

68 Ebd.

69 Ebd.

70 Ebd., S. 6.

71 Ebd.

72 Ebd., S. 8.

73 Ebd.

74 Ebd., S. 33.

75 Ebd., S. 75.

76 Th. Litt: Mensch und Welt. Grundlinien einer Philosophie des Geistes. 2. durchges. Aufl. Heidelberg 1961, S. 75ff.

77 Ebd., S. 87.

78 Th. Litt: Denken und Sein, a.a.O., S. 77.

79 Ebd., S. 72.

80 Ebd., S. 37.

81 Ebd., S. 38.

82 Ebd., S. 84.

83 Ebd., S. 85.

84 Ebd., S. 105ff.

85 Ebd., S. 107. Vgl. hierzu auch: Ebd., S. 6, Anmerkung 1. Sowie: Th. Litt: Mensch und Welt, a.a.O., S. 11ff, S. 14ff, S. 19ff, S. 28ff.

86 Th. Litt: Denken und Sein, a.a.O., S. 103.

87 Ebd., S. 115.

88 Ebd., S. 116.

89 Ebd., S. 117.

90 Ebd., S. 12ff. Litt bezieht sich hierbei auf folgende Werke H. Rickerts: Die Grenzen der naturwissenschaftlichen Begriffsbildung. 5. Aufl. Tübingen 1929, S. 38ff. Kulturwissenschaft und Naturwissenschaft. Tübingen 1926, S. 66ff. Die Kritik an Dilthey ist insbesondere auf: W. Dilthey: Der Aufbau der geschichtlichen Welt in den Geisteswissenschaften. In: W. Dilthey: Gesammelte Schriften. Bd. 7. Hrsg. v. B. Groethuysen. 1. Aufl. Leipzig 1927, S. 132ff, bezogen.

91 Th. Litt: Das Allgemeine im Aufbau der geisteswissenschaftlichen Erkenntnis. In: Berichte über die Verhandlungen der Sächsischen Akademie der Wissenschaften zu Leipzig. Philologisch-historische Klasse. 93. Bd. 1. H. Leipzig 1941, S. 24ff.

92 Th. Litt: Denken und Sein, a.a.O., S. 121. Vgl. hierzu auch: Th. Litt: Empirische Wissenschaft und Philosophie. In: Wesen und Wirklichkeit des Menschen. Festschrift f. H. Plessner. Hrsg. v. K. Ziegler. Göttingen 1957, S. 14ff.

93 Th. Litt: Denken und Sein, a.a.O., S. 126. Vgl. hierzu auch: Th. Litt: Die Selbsterkenntnis des Menschen. 2. verb. Aufl. Hamburg 1948, S. 80ff.

94 Th. Litt: Denken und Sein, a.a.O., S. 126.

95 Ebd., S. 1ff. Sowie: Th. Litt: Mensch und Welt, a.a.O., S. 301ff. Litt bezieht sich hierbei auf die Werke von N. Hartmann: Grundzüge einer Metaphysik der Erkenntnis. Berlin 1925. Der Aufbau der realen Welt. Berlin 1940. Außerdem setzt sich Litt mit folgenden Werken auseinander: M. Heidegger: Sein und Zeit. 7. Aufl. Tübingen 1953. W. Burkamp: Wirklichkeit und Sinn. Berlin 1938. K. Jaspers: Der philosophische Glaube. München 1948.

96 Th. Litt: Mensch und Welt, a.a.O., S. 303ff.

97 Th. Litt: Denken und Sein, a.a.O., S. 128.

98 Th. Litt: Das Allgemeine im Aufbau der geisteswissenschaftlichen Erkenntnis, a.a.O., S. 35ff.

99 Th. Litt: Mensch und Welt, a.a.O., S. 216.

100 Ebd.

101 Ebd.

102 Ebd., S. 217.

103 Th. Litt: Das Allgemeine im Aufbau der geisteswissenschaftlichen Erkenntnis, a.a.O., S. 53.

104 Th. Litt: Mensch und Welt, a.a.O., S. 217.

105 Ebd., S. 218.

106 R.B. Huschke-Rhein: Das Wissenschaftsverständnis in der geisteswissenschaftlichen Pädagogik, a.a.O., S. 181.

Zu 3 Die anthropologische Dimension der Sprachphilosophie Litts

1 Vgl. hierzu: Th. Litt: Mensch und Welt. Grundlinien einer Philosophie des Geistes. 2. durchges. Aufl. Heidelberg 1961, S. 298.

2 Ebd., Anmerkung 10 u. 11; S. 301, Anmerkung 14 u. 15; S. 306, Anmerkung 22 u. 26; S. 317, Anmerkung 57 u. 60.

3 Th. Litt: Individuum und Gemeinschaft. Grundfragen der sozialen Theorie und Ethik. Leipzig u. Berlin 1919, S. 62.

4 Ebd., S. 6ff.

5 Ebd., S. 7.

6 Ebd., S. 12.

7 Ebd., S. 17.

8 Ebd.

9 Ebd.

10 Ebd.

11 Ebd., S. 17ff.

12 Ebd., S. 18.

13 Ebd., S. 20.

14 Ebd.

15 Ebd., S. 21.

16 Ebd.

17 Vgl. hierzu: B. Huschke-Rhein: Das Wissenschaftsverständnis in der geisteswissenschaftlichen Pädagogik. Dilthey - Litt - Nohl - Spranger. Stuttgart 1979, S. 187ff.

18 Th. Litt: Individuum und Gemeinschaft, 1. Aufl., a.a.O., S. 22.

19 Ebd., S. 24.

20 Ebd., S. 36ff.

21 Ebd., S. 37.

22 Ebd.

23 Ebd., S. 40.

24 Ebd., S. 58.

25 Ebd.

26 Ebd.

27 Ebd., S. 59.

28 Ebd.

29 Ebd.

30 Ebd., S. 61.

31 Ebd.

32 Ebd.

33 Ebd.

34 Ebd., S. 63.

35 Ebd.

36 Ebd.

37 Ebd., S. 64.

38 Ebd., S. 65.

39 Ebd., S. 66.

40 Ebd., S. 67.

41 Ebd., S. 68.

42 Vgl. hierzu: W. Schulz: Zur Aktualität der Kulturphilosophie Th. Litts. In: Pädagogische Rundschau 2 (1982), S. 143.

43 Darauf weist Litt in dem Vorwort der 2. Aufl. von: Individuum und Gemeinschaft. Grundlegung der Kulturphilosophie. Leipzig u. Berlin 1924, S. Vf, hin.

44 Th. Litt: Individuum und Gemeinschaft, 1. Aufl., a.a.O., S. 61.

45 Th. Litt: Individuum und Gemeinschaft, 2. Aufl., a.a.O., S. VI.

46 Ebd., S. VIff.

47 Ebd., S. VII.

48 Th. Litt: Individuum und Gemeinschaft. Grundlegung der Kulturphilosophie. 3. aberm. durchgearb. u. erw. Aufl. Leipzig u. Berlin 1926, S. IX.

49 Ebd., S. 165.

50 Th. Litt: Mensch und Welt, 2. Aufl., a.a.O., S. 298.

51 Vgl. dazu: W. Schulz: Zur Aktualität der Kulturphilosophie Th. Litts, a.a.O., S. 145f. Sowie: R.B. Huschke-Rhein: Individuum und Gemeinschaft. Litts erstes Hauptwerk als Interaktionstheorie. In: F. Nicolin, G. Wehle (Hrsg.): Theodor Litt. Pädagogische Analysen zu seinem Werk. Bad Heilbrunn 1982, S. 30ff.

52 Th. Litt: Individuum und Gemeinschaft, 3. Aufl., a.a.O., S. 141.

53 Ebd., S. 152ff.

54 Ebd., S. 158.

55 Ebd.

56 Ebd., S. 165ff. Davon abgehoben verwendet Litt in diesem Zusammenhang den Begriff "Anthropologie", um die konstitutive Bedeutung hervorzuheben, den die sich in der Sprache ausgestaltete Dialektik von sinnlicher Form und Sinngehalt für das Wesen des Geistes besitzt, und um den verengten Antropologiebegriff von M. Scheler für die Phänomenologie des Bewußtseins abzuweisen. Vgl. hierzu: Ebd., S. 167.

57 Th. Litt: Individuum und Gemeinschaft, 3. Aufl., a.a.O., S. 169.

58 Ebd., S. 170.

59 Ebd., S. 185.

60 Ebd., S. 187.

61 Ebd., S. 318.

62 Ebd., S. 324.

63 Ebd.

64 Ebd., S. 325f.

65 Th. Litt: Mensch und Welt, 2. Aufl., a.a.O., S. 10.

66 Ebd., S. 21.

67 Ebd., S. 25.

68 Ebd., S. 26ff.

69 Vgl. hierzu: H. Zdarzil: Zu Theodor Litts Lehre vom Menschen. In: Sinn und Geschichtlichkeit. Werk und Wirkungen Theodor Litts. Hrsg. v. J. Derbolav, C. Menze, F. Nicolin. Stuttgart 1980, S. 135ff.

70 Th. Litt: Mensch und Welt, 2. Aufl., a.a.O., S. 36.

71 Ebd.

72 Ebd., S. 41.

73 Ebd., S. 37.

74 Ebd., S. 42.

75 Ebd., S. 46.

76 Ebd., S. 51.

77 Th. Litt: Einleitung in die Philosophie. Leipzig u. Berlin 1933, S. 191ff.

78 Th. Litt: Mensch und Welt, 2. Aufl., a.a.O., S. 60.

79 Ebd., S. 69f.

80 Ebd., S. 74.

81 Ebd., S. 77.

82 Ebd., S. 88ff.

83 Ebd., S. 98ff, S. 110ff.

84 Ebd., S. 103ff.

85 Ebd., S. 118ff, S. 120ff.

86 Ebd., S. 191.

87 Ebd., S. 192.

88 Ebd., S. 217.

89 Ebd.

90 Ebd.

## Zu 4 Die Bedeutung der Sprache für die Pädagogik Litts

1 Vgl. hierzu: F. Nicolin: Nachwort des Herausgebers. In: Th. Litt: Pädagogik und Kultur. Kleine pädagogische Schriften 1918-1926. Hrsgg. v. F. Nicolin. Bad Heilbrunn 1965, S. 99. Sowie: L. Räuchle: Geisteswissenschaft als Realwissenschaft. Zum Problem des dialektischen Prinzips im Frühwerk Theodor Litts. Dissertation (Maschinenschriftl. Ms.) Tübingen 1979, S.3ff. Vgl. außerdem: W. Klafki: Die Pädagogik Theodor Litts. Eine kritische Vergegenwärtigung. Königstein 1982, S. 85ff.

2 Th. Litt: Eine Neugestaltung der Pädagogik. In: Ders.: Pädagogik und Kultur, a.a.O., S. 7f.

3 Ebd., S. 9.

4 Ebd., S. 9ff.

5 Ebd., S. 10.

6 Ebd.

7 Ebd., S. 11.

8 Vgl. hierzu: E. Weber: Ästhetik als pädagogische Grundwissenschaft. Leipzig 1907, S. 7ff, S. 45ff. Sowie: Th. Ballauff, K. Schaller: Pädagogik. Eine Geschichte der Bildung und Erziehung. Bd. III: 19./20. Jahrhundert. München 1973, S. 186ff.

9 Vgl. hierzu: W. Dilthey: Über die Möglichkeit einer allgemeingültigen pädagogischen Wissenschaft. In: F. Nicolin (Hrsg.): Pädagogik als Wissenschaft. Darmstadt 1969, S. 36ff.

10 Th. Litt: Die Methodik des pädagogischen Denkens. In: Kant-Studien 26 (1921). Unverändert abgedruckt unter dem Titel: Das Wesen des pädagogischen Denkens. In: F. Nicolin (Hrsg.): Pädagogik als Wissenschaft, a.a.O., S. 269ff.

11 Ebd., S. 270ff.

12 Ebd.

13 Ebd., S. 272.

14 Ebd., S. 273.

15 Ebd.

16 Ebd., S. 274.

17 Ebd., S. 276.

18 Ebd., S. 279f.

19 Ebd., S. 281.

20 Ebd., S. 282ff.

21 Ebd., S. 285.

22 Ebd., S. 284.

23 Ebd., S. 285ff.

24 Ebd., S. 287.

25 Ebd.

26 Ebd., S. 290.

27 Ebd., S. 294.

28 Ebd.

29 Ebd.

30 Ebd., S. 295.

31 Ebd.

32 Th. Litt: Pädagogik. In: P. Hinneberg (Hrsg.): Die Kultur der Gegenwart. Teil I. Abt. VI. 3. durchges. Aufl. Leipzig u. Berlin 1921, S. 282.

33 Ebd.

34 Ebd.

35 Ebd., S. 284.

36 Ebd., S. 285.

37 Ebd.

38 Ebd., S. 288.

39 Vgl. hierzu: G. Wehle: Führen oder Wachsenlassen. In: F. Nicolin, G. Wehle (Hrsg.): Theodor Litt. Pädagogische Analysen zu seinem Werk. Bad Heilbrunn 1982, S. 52ff, S. 55ff.

40 Diese Konzeption ist eine Ergänzung der bereits 1926 vorgelegten erziehungstheoretischen Studie von: J. Cohn: Befreien und Binden in der Erzie-

hung. Auf thematische Zusammenhänge verweist auch Litt in einer Anmerkung. Vgl. hierzu: Th. Litt: Führen oder Wachsenlassen. Eine Erörterung des pädagogischen Grundproblems. 13. Aufl. Stuttgart 1967, S. 127, Anmerkung 4. Vgl. hierzu auch: W. Schulz: Die Bedeutung der Erziehungstheorie J. Cohns für die gegenwärtige Diskussion der Pädagogik. Unveröffentlichtes Manukript. Tübingen 1982.

41 Th. Litt: Führen oder Wachsenlassen, a.a.O., S. 17.

42 Ebd.

43 Ebd.

44 Ebd., S. 18ff.

45 Ebd., S. 21

46 Ebd., S. 22. Litt bezieht sich hierbei auf: W. Paulsen: Die Überwindung der Schule. Leipzig 1926, S. 134.

47 Th. Litt: Führen oder Wachsenlassen, a.a.O., S. 25.

48 Ebd., S. 27.

49 Ebd., S. 32.

50 Ebd., S. 32ff.

51 Ebd., S. 33f. Vgl. hierzu auch: Th. Litt: Die Philosophie der Gegenwart und ihr Einfluß auf das Bildungsideal. 3. aberm. verb. Aufl. Leipzig u. Berlin 1930, S. 35ff, S. 45ff.

52 Th. Litt: Führen oder Wachsenlassen, a.a.O., S. 34f.

53 Ebd., S. 36.

54 Ebd., S. 48ff.

55 Ebd., S. 49.

56 Ebd., S. 50.

57 Ebd.

58 Ebd.

59 Ebd.

60 Ebd., S. 51.

61 Ebd., S. 52.

62 Ebd., S. 54.

63 Ebd., S. 63.

64 Ebd.

65 Th. Litt: Hegel und die Aufgaben deutscher Jugend. In: A. Fischer, E. Spranger (Hrsg.): Jugendführer und Jugendprobleme. Festschrift zu Georg Kerschensteiners 70. Geburtstag. Leipzig u. Berlin 1924, S. 58f.

66 Th. Litt: Führen oder Wachsenlassen, a.a.O., S. 66.

67 Ebd., S. 69ff.

68 Ebd., S. 71.

69 Ebd., S. 72.

70 Ebd., S. 75ff.

71 Ebd., S. 77.

72 Th. Litt: Naturwissenschaft und Menschenbildung. 5. Aufl. Heidelberg 1968, S. 11ff. Vgl. hierzu auch: R. Lassahn: Naturwissenschaft und Menschenbil-

dung. Ein erkenntnistheoretisches Problem in der Sicht Theodor Litts. In: F. Nicolin, G. Wehle (Hrsg.): Theodor Litt. Pädagogische Analysen zu seinem Werk, a.a.O., S. 120ff.

73 Th. Litt: Das Bildungsideal der deutschen Klassik und die moderne Arbeitswelt. 7. Aufl. Lizenzausg. d. 6. verb. u. erw. Aufl. 1959. Bochum o.J., S. 32.

74 Ebd., S. 33ff, S. 36f. Vgl. hierzu auch: Th. Litt: Naturwissenschaft und Menschenbildung, a.a.O., S. 33ff. Sowie: Th. Litt: Wissenschaft und Menschenbildung im Lichte des West-Ost-Gegensatzes. 2. durchges. u. erw. Aufl. Heidelberg 1959, S. 19ff, S. 114ff, S. 132ff, S. 150ff. Vgl. ebenfalls: Th. Litt: Die Freiheit der Person und die Lebensordnungen. In: Erziehung zur Freiheit. Hrsg. v. A. Hunold. Erlenbach-Zürich u. Stuttgart 1959, S. 206ff. Vgl. weiterhin: Th. Litt: Das humanistische Erbe im technischen Zeitalter. In: Vom Geist abendländischer Erziehung. Hrsg. v. Pestalozzianum Zürich. Zürich 1961, S. 167ff.

75 Th. Litt: Das Bildungsideal der deutschen Klassik und die moderne Arbeitswelt, a.a.O., S. 70ff. Sowie: Th. Litt: Erziehungstheorie und Wertphilosophie. In: Erziehung zur Menschlichkeit. Die Bildung im Umbruch der Zeit. Festschrift f. E. Spranger zum 75. Geburtstag. Hrsg. v. H.W. Bähr u.a. Tübingen 1957, S. 17ff. Vgl. außerdem: Th. Litt: Möglichkeiten und Grenzen der Erziehung. In: Hessische Hochschulwochen für staatswissenschaftliche Fortbildung. Bd. 17. Bad Homburg, Berlin, Bonn, Zürich 1957, S. 16ff. Vgl. hierzu ebenfalls: C. Menze: Berufsbildung und Allgemeinbildung. Interpretationen und Überlegungen zu Theodor Litts Schrift: "Berufsbildung, Fachbildung, Menschenbildung". In: F. Nicolin, G. Wehle (Hrsg.): Theodor Litt. Pädagogische Analysen zu seinem Werk, a.a.O., S. 72ff.

76 Th. Litt: Technisches Denken und menschliche Bildung. 4. Aufl. Heidelberg 1969, S. 27.

77 Ebd., S. 29.

78 Ebd., S. 40.

79 Ebd., S. 36.

80 Ebd., S. 40ff.

81 Ebd., S. 41ff.

82 Vgl. hierzu: Th. Litt: Mensch und Welt. Grundlinien einer Philosophie des Geistes. 2. durchges. Aufl. Heidelberg 1961, S. 213ff.

83 Th. Litt: Das Bildungsideal der deutschen Klassik und die moderne Arbeitswelt, a.a.O., S. 148ff.

84 Ebd., S. 74ff.

85 Ebd., S. 141ff. Vgl. außerdem: Th. Litt: Charakterbildung geht vor Wissensbildung. In: E. Spranger (Hrsg.): Pädagogische Wahrheiten und Halbwahrheiten kritisch beleuchtet. Festgabe f. W. Flitner zum 70. Geburtstag. Heidelberg 1959, S. 65ff.

86 Th. Litt: Das Bildungsideal der deutschen Klassik und die moderne Arbeitswelt, a.a.O., S. 149ff.

87 Ebd., S. 145ff.

88 Ebd., S. 150ff.

89 Ebd., S. 122ff.

## Zu 5 Sprach- und literaturdidaktische Ansätze Litts

1 Th. Litt: Geschichte und Leben. Von den Bildungsaufgaben geschichtlichen und sprachlichen Unterrichts. Leipzig u. Berlin 1918.

2 Ebd., S. 4ff. Litt bezieht sich hierbei auf: G. Simmel: Die Probleme der Geschichtsphilosophie. Eine erkenntnistheoretische Studie. 2. erw. Aufl. Leipzig 1907, S. 7ff.

3 Th. Litt, ebd., S. 6.

4 Ebd., S. 9ff. Sowie: Th. Litt: Von der Erziehung zum historisch begründeten Verständnis der Gegenwart. In: J. Ilberg (Hrsg.): Neue Jahrbücher für Pädagogik. 20. Jahrg., Leipzig u. Berlin 1917, S. 54ff. Vgl. weiterhin: Th. Litt: Zur Gestaltung des Geschichtsunterrichts in der Schule. In: Geschichtliche Abende im Zentralinstitut für Erziehung und Unterricht. 4. Heft. Berlin 1918, S. 26ff.

5 Th. Litt: Geschichte und Leben, a.a.O., S. 11.

6 Ebd., S. 18

7 Ebd.

8 Ebd., S. 19.

9 Ebd., S. 20f.

10 Ebd., S. 21.

11 Ebd.

12 Ebd., S. 22

13 Ebd.

14 Ebd., S. 23.

15 Ebd.

16 Ebd., S. 24.

17 Ebd.

18 Ebd., S. 25.

19 Ebd., S. 25ff.

20 Ebd., S. 26.

21 Ebd., S. 145.

22 Ebd., S. 146ff.

23 Ebd., S. 146.

24 Ebd., S. 147.

25 Ebd.

26 Ebd.

27 Th. Litt: Gedanken zum "kulturkundlichen" Unterrichtsprinzip. In: Th. Litt: Möglichkeiten und Grenzen der Pädagogik. Abhandlungen zur gegenwärtigen Lage von Erziehung und Erziehungstheorie. Leipzig u. Berlin 1926, S. 132ff.

28 Ebd., S. 134.

29 Ebd., S. 137ff.

30 Ebd., S. 138f. Vgl. hierzu auch: Th. Litt: Nationale Erziehung und Internationalismus. In: Sozialpädagogische Abende im Zentralinstitut für Erziehung und Unterricht. 3, Heft. Berlin 1920, S. 4ff, S. 13ff, S. 25ff, S. 33f.

31 Th. Litt: Gedanken zum "kulturkundlichen" Unterrichtsprinzip, a.a.O., S. 139ff. Litt bezieht sich hierbei auf den Ansatz zu einem kulturkundlichen Englischunterricht von: W. Hübner: Welche Aufgaben stellt die Schulreform dem neusprachlichen Unterricht? In: Neue Jahrbücher für Wissenschaft und Jugendbildung. I. 1925, S. 87ff. Außerdem stützt sich Litt auf die Arbeiten, in denen E. Schön die Grundrisse eines kulturkundlichen Französichunterrichts zu entfalten suchte. Vgl. hierzu: E. Schön: Probleme der französischen Kulturkunde in der höheren Schule. In: Neue Jahrbücher für Wissenschaft und Jugendbildung. I. 1925, S. 245ff. Sowie: E. Schön: Sinn und Form einer Kulturkunde im französischen Unterricht der höheren Schule. Leipzig 1925. Daneben bezieht sich Litt auf den programmatischen Ansatz zum kulturkundlichen Deutschunterricht, den U. Peters in seinem Geleitwort zur Eröffnung der Zeitschrift für deutsche Bildung. I. 1925, S. 4f, entwickelte.

32 Th. Litt: Gedanken zum "kulturkundlichen" Unterrichtsprinzip, a.a.O., S. 140.

33 U. Peters: Geleitwort, a.a.O., S. 4f. Zitiert nach: Th. Litt: Gedanken zum "kulturkundlichen" Unterrichtsprinzip, a.a.O., S. 141.

34 Th. Litt: Gedanken zum "kulturkundlichen" Unterrichtsprinzip, a.a.O., S. 142.

35 Ebd., S. 146.

36 Ebd., S. 148ff.

37 Ebd., S. 148f.

38 Ebd., S. 149f.

39 Ebd., S. 149.

40 Ebd., S. 154ff. Vgl. hierzu auch die Ausführungen von H.J. Frank über: Th. Litt und die Wendung gegen den kulturkundlichen Strukturalismus. In: H.J. Frank: Dichtung, Sprache, Menschenbildung. Geschichte des Deutschunterrichts von den Anfängen bis 1945. Bd. 2. München 1976, S. 720ff, S. 725ff. Sowie: F. Nicolin: Pädagogische Theorie als Selbstkritik der Pädagogik. Theodor Litt und die Reformpädagogik. In: Sinn und Geschichtlichkeit. Werk und Wirkungen Theodor Litts. Hrsgg. v. J. Derbolav, C. Menze, F. Nicolin. Stuttgart 1980, S. 281ff. Vgl. außerdem: W. Klafki: Die Pädagogik Theodor Litts. Eine kritische Vergegenwärtigung. Königstein 1982, S. 258ff.

41 Th. Litt: Gedanken zum "kulturkundlichen" Unterrichtsprinzip, a.a.O., S. 155ff.

42 W. Hofstaetter: Deutsches Kulturgut als Grundlage der Schularbeit. In: E. Saupe (Hrsg.): Deutsches Kulturgut als Grundlage der Schule. Osterwieck 1925, S. 25. Zitiert nach: Th. Litt: Gedanken zum "kulturkundlichen" Unterrichtsprinzip, a.a.O., S. 163ff.

43 Th. Litt, Gedanken zum "kulturkundlichen" Unterrichtsprinzip, a.a.O., S. 165.

44 Ebd., S. 166.

45 Ebd., S. 166ff. Litt bezieht sich hierbei auf: M. Paul: Das Bildungsideal des deutschen Menschen. In: Die höhere Schule im Freistaat Sachsen. III. 1925, S. 30ff, S. 44ff.

46 Th. Litt: Gedanken zum "kulturkundlichen" Unterrichtsprinzip, a.a.O., S. 168.

47 Ebd.

48 Ebd., S. 173.

# LITERATURVERZEICHNIS

## I. WERKE VON THEODOR LITT

Das Literaturverzeichnis, das nur die in dieser Untersuchung zitierten Werke Litts erfaßt, folgt den von F. Nicolin bearbeiteten Litt Bibliographien: *Bibliographie Theodor Litt*, in: Geist und Erziehung. Aus dem Gespräch zwischen Philosophie und Pädagogik. Kleine Bonner Festgabe für Theodor Litt. Hrsg. v. J. Derbolav und F. Nicolin. Bonn 1955, S. 191-224; und: *Die Schriften Theodor Litts. Ausgewählte Bibliographie*, in: Erkenntnis und Verantwortung. Festschrift für Theodor Litt. Hrsg. v. J. Derbolav und F. Nicolin. Düsseldorf 1960, S. 473-483. Außerdem wurde die Bibliographie von H.-H. Knütter: *Bibliographie der Schriften von und über Theodor Litt*, in: Theodor Litt und die politische Bildung der Gegenwart. Hrsg. v. P. Gutjahr-Löser, H.-H. Knütter und F.W. Rothenspieler. München 1981, S. 221-252, herangezogen.

Von der Erziehung zum historisch begründeten Verständnis der Gegenwart. In: J. Ilberg (Hrsg.): Neue Jahrbücher für Pädagogik. 20. Jahrg. Leipzig u. Berlin 1917.

Geschichte und Leben. Von den Bildungsaufgabrn geschichtlichen und sprachlichen Unterrichts. Leipzig u. Berlin 1918.

Zur Gestaltung des Geschichtsunterrichts in der Schule. In: Geschichtliche Abende im Zentralinstitut für Erziehung und Unterricht. 4. Heft. Berlin 1918.

Individuum und Gemeinschaft. Grundfragen der sozialen Theorie und Ethik. Leipzig u. Berlin 1919.

Berufsbildung und "Allgemeinbildung" auf der Universität. Leipzig 1920.

Nationale Erziehung und Internationalismus. In: Sozialpädagogische Abende im Zentralinstitut für Erziehung und Unterricht. 3. Heft. Berlin 1920.

Die Methodik des pädagogischen Denkens. In: Kant-Studien 26 (1921). Unverändert abgedruckt unter dem Titel: Das Wesen des pädagogischen Denkens. In: F. Nicolin (Hrsg.): Pädagogik als Wissenschaft. Wege der Forschung. Bd. XXXII. Darmstadt 1969.

Erkenntnis und Leben. Untersuchungen über Gliederung, Methoden und Beruf der Wissenschaft. Leipzig u. Berlin 1923.

Individuum und Gemeinschaft. Grundlegung der Kulturphilosophie. 2. völlig neu bearb. Aufl. Leipzig u. Berlin 1924.

Hegel und die Aufgaben deutscher Jugend. In: A. Fischer, E. Spranger (Hrsg.): Jugendführer und Jugendprobleme. Festschrift z. G. Kerschensteiners 70. Geburtstag. Leipzig u. Berlin 1924.

Geschichte und Leben. Probleme und Ziele kulturwissenschaftlicher Bildung. 2. teilw. umgearb. u. erw. Aufl. Leipzig u. Berlin 1925.

Möglichkeiten und Grenzen der Pädagogik. Abhandlungen zur gegenwärtigen Lage von Erziehung und Erziehungstheorie. Leipzig u. Berlin 1926.

Individuum und Gemeinschaft. Grundlegung der Kulturphilosophie. 3. aberm.

durchgearb. u. erw. Aufl. Leipzig u. Berlin 1926.

Wissenschaft, Bildung, Weltanschauung. Leipzig u. Berlin 1928.

Kant und Herder als Deuter der geistigen Welt. Leipzig 1930.

Geschichte und Leben. Probleme und Ziele kulturwissenschaftlicher Bildung. 3. verb. Aufl. Leipzig u. Berlin 1930.

Die Philosophie der Gegenwart und ihr Einfluß auf das Bildungsideal. 3. aberm. verb. Aufl. Leipzig u. Berlin 1930.

Einleitung in die Philosophie. Leipzig u. Berlin 1933.

Philosophie und Zeitgeist. Leipzig 1935.

Das Allgemeine im Aufbau der geisteswissenschaftlichen Erkenntnis. In: Berichte über die Verhandlungen der Sächsischen Akademie der Wissenschaften. Philologisch-historische Klasse. Bd. 93. 1. Heft. Leipzig 1941.

Mensch und Welt. Grundlinien einer Philosophie des Geistes. München 1948.

Denken und Sein. Stuttgart 1948.

Die Selbsterkenntnis des Menschen. 2. verb. Aufl. Hamburg 1948.

Einleitung in die Philosophie. 2. verb. Aufl. Stuttgart 1949.

Erziehungstheorie und Wertphilosophie. In: Erziehung zur Menschlichkeit. Die Bildung im Umbruch der Zeit. Festschrift f. E. Spranger z. 75. Geburtstag. Hrsg. v. W. Bähr, Th. Litt, N. Louvardis, H. Wenke. Tübingen 1957.

Naturwissenschaft und Menschenbildung. 3. verb. u. erw. Aufl. Heidelberg 1959.

Wissenschaft und Menschenbildung im Lichte des Ost-West-Gegensatzes. 2. durchges. u. erw. Aufl. Heidelberg 1959.

Das Bildungsideal der deutschen Klassik und die moderne Arbeitswelt. Schriftenreihe der Bundeszentrale für politische Bildung. 6. verb. u. erw. Aufl. Bonn 1959. (Dieses Werk wurde ebenfalls nach der 7. Aufl. Lizenzausgabe d. 6. verb. u. erw. Aufl. 1959, Bochum o.J. zitiert.)

"Charakterbildung geht vor Wissensbildung". In: Pädagogische Wahrheiten und Halbwahrheiten kritisch beleuchtet. Festgabe f. W. Flitner z. 70. Geburtstag. Hrsg. v. E. Spranger. Heidelberg 1959.

Die Freiheit der Person und die Lebensordnungen. In: Erziehung zur Freiheit. Hrsg. v. A. Hunold. Erlenbach-Zürich u. Stuttgart 1959.

Technisches Denken und menschliche Bildung. 2. verb. Aufl. Heidelberg 1960.

Mensch und Welt. Grundlinien einer Philosophie des Geistes. 2. durchges. Aufl. Heidelberg 1961.

Das humanistische Erbe im technischen Zeitalter. In: Vom Geist abendländischer Erziehung. Hrsg. v. Pestalozzianum Zürich. Zürich 1961.

Pädagogik und Kultur. Kleine pädagogische Schriften 1918-1926. Hrsg. v. F. Nicolin. Bad Heilbrunn 1965.

Naturwissenschaft und Menschenbildung. 5. Aufl. Heidelberg 1968.

Führen oder Wachsenlassen. Eine Erörterung des pädagogischen Grundproblems. Reprint d. 13. Aufl. 1967. Stuttgart 1972.

Ethik der Neuzeit. 2. unveränd. reprograf. Nachdruck d. Ausgabe München u. Berlin 1931. Darmstadt 1976.

## II. SEKUNDÄRLITERATUR

Apel, K.O.: Die Idee der Sprache in der Tradition des Humanismus von Dante bis Vico. 2. durchges. Aufl. Bonn 1975.

Ballauff, Th., Schaller, K.: Pädagogik. Eine Geschichte der Bildung und Erziehung. Bd. III. 19./20. Jahrhundert. München 1973.

Barth, R.: Das methodische Problem und das Problem der "Grenze" in der gegenwärtigen pädagogischen Literatur. Theodor Litt und Eberhard Grisebach. Jena 1932.

Burkamp, W.: Wirklichkeit und Sinn. Berlin 1938.

Daniels, K.: Die Sprachphilosophie Theodor Litts. In: Muttersprache. Zeitschrift zur Pflege und Erforschung der deutschen Sprache. 72 (1962), S. 269-279.

Derbolav, J.: Theodor Litt - Person und Gedanke. In: Derbolav, J.: Frage und Anspruch. Pädagogische Studien und Analysen. Wuppertal, Kastellaun, Düsseldorf 1970.

- Die Theorie der politischen Bildung im Gesamtwerk Theodor Litts. In: Pädagogische Rundschau 2 (1982), S. 69-94.

Dilthey, W.: Der Aufbau der geschichtlichen Welt in den Geisteswissenschaften. In: Dilthey, W.: Gesammelte Schriften. Bd. 7. Hrsg. v. B. Groethuysen. Leipzig 1927.

- Über die Möglichkeit einer allgemeingültigen pädagogischen Wissenschaft. In: Nicolin, F. (Hrsg.): Pädagogik als Wissenschaft. Darmstadt 1969, S. 36-67.

Frank, H.J.: Dichtung, Sprache, Menschenbildung. Geschichte des Deutschunterrichts von den Anfängen bis 1945. Bd. 2. München 1976.

Funderburk, L.: Erlebnis, Verstehen, Erkenntnis. Theodor Litts System der Philosophie aus erkenntnistheoretischer Sicht. Bonn 1971.

Hartmann, N.: Grundzüge einer Metaphysik der Erkenntnis. Berlin 1925.

- Der Aufbau der realen Welt. Berlin 1940.

Heidegger, M.: Sein und Zeit. 7. Aufl. Tübingen 1953.

Hofstaetter, W.: Deutsches Kulturgut als Grundlage der Schularbeit. In: Saupe, E. (Hrsg.): Deutsches Kulturgut als Grundlage der Schule. Osterwieck 1925.

Hübner, W.: Welche Aufgaben stellt die Schulreform dem neusprachlichen Unrerricht? In: Neue Jahrbücher für Wissenschaft und Jugendbildung. I. 1925.

Huschke-Rhein, R.B.: Das Wissenschaftsverständnis in der geisteswissenschaftlichen Pädagogik. Dilthey - Litt - Nohl - Spranger. Stuttgart 1979.

- Individuum und Gemeinschaft. Litts erstes Hauptwerk als Interaktionstheorie. In: Nicolin, F., Wehle, G. (Hrsg.): Theodor Litt. Pädagogische Analysen zu seinem Werk. Bad Heilbrunn 1982, S. 29-47.

Husserl, E.: Logische Untersuchungen. Halle 1922.

- Philosophie als strenge Wissenschaft. In: Logos I (1910).

- Ideen zu einer reinen Phänomenologie und phänomenologischen Philosophie. Bd. I. Halle 1913.

Jaspers, K.: Der philosophische Glaube. München 1948.

Klafki, W.: Die Pädagogik Theodor Litts. Eine kritische Vergegenwärtigung. Königstein 1982.

Knütter, H.-H.: Bibliographie der Schriften von und über Theodor Litt. In: Theodor Litt und die politische Bildung der Gegenwart. Hrsg. v. Gutjahr-Löser, P., Knütter, H.-H., Rothenspieler, F.W. München 1981, S. 221-252.

Lassahn, R.: Das Selbstverständnis der Pädagogik Theodor Litts. Pädagogik als Geisteswissenschaft. Wuppertal, Düsseldorf, Ratingen 1968.

- Naturwissenschaft und Menschenbildung. Ein erkenntnistheoretisches Problem in der Sicht Theodor Litts. In: Nicolin, F. Wehle, G. (Hrsg.): Theodor Litt. Pädagogische Analysen zu seinem Werk. Bad Heilbrunn 1982, S. 120-133.

Liebrucks, B.: Das Problem der Sprachauffassung und der Vorrang der Eindeutigkeit bei Theodor Litt. In: Derbolav, J., Menze, C., Nicolin, F. (Hrsg.): Sinn und Geschichtlichkeit. Werk und Wirkungen Theodor Litts. Stuttgart 1980, S. 92-131.

Marck, S.: Die Dialektik in der Philosophie der Gegenwart. 2. Halbbd. Tübingen 1931.

Menze, C.: Berufsbildung und Allgemeinbildung. Interpretationen und Überlegungen zu Theodor Litts Schrift: "Berufsbildung, Fachbildung, Menschenbildung". In: Nicolin, F., Wehle, G. (Hrsg.): Theodor Litt. Pädagogische Analysen zu seinem Werk. Bad Heilbrunn 1982, S. 66-84.

Natorp, P.: Allgemeine Psychologie nach kritischer Methode. Tübingen 1912.

Nicolin, F.: Bibliographie Theodor Litt. In: Geist und Erziehung. Aus dem Gespräch zwischen Philosophie und Pädagogik. Kleine Bonner Festgabe für Theodor Litt. Hrsg. v. Derbolav, J., Nicolin, F., Bonn 1955.

- Die Schriften Theodor Litts. Ausgewählte Bibliographie. In: Erkenntnis und Verantwortung. Festschrift für Theodor Litt. Hrsg. v. Derbolav, J., Nicolin, F., Düsseldorf 1960.

- Nachwort des Herausgebers, in: Litt, Th.: Pädagogik und Kultur. Kleine pädagogische Schriften 1918-1926. Hrsg. v. Nicolin, F., Bad Heilbrunn 1965.

- Theodor Litt, in: Speck, J. (Hrsg.) Geschichte der Pädagogik des 20. Jahrhunderts. Bd. II. Stuttgart, Berlin, Köln, Mainz 1978, S. 79-92.

- Einleitung, in: Litt, Th.: Das Allgemeine im Aufbau der geisteswissenschaftlichen Erkenntnis. Mit einer Einleitung herausgegeben von F. Nicolin. Hamburg 1980.

- Pädagogische Theorie als Selbstkritik der Pädagogik. Theodor Litt und die Reformpädagogik. In: Sinn und Geschichtlichkeit. Werk und Wirkungen Theodor Litts. Hrsg. v. Derbolav, J., Menze, C., Nicolin, F., Stuttgart 1980.

Peters, U.: Zum Geleit der Zeitschrift für deutsche Bildung. In: Zeitschrift für deutsche Bildung. I. (1925)

Rahn, G.: Theodor Litts "Philosophie des Geistes" und die Sprechspur. In: Sprechen und Spuren. Vierteljahresschrift des Forschungskreises für die Sprechspur. 6. Jahrg. H. 4 (1955).

Räuchle, L.: Geisteswissenschaft als Realwissenschaft. Zum Problem des dialektischen Prinzips im Frühwerk Theodor Litts. Diss. Tübingen 1979.

Reble, A.: Theodor Litt. Stuttgart 1950.

Rickert, H.: Die Grenzen der naturwissenschaftlichen Begriffsbildung. 5. Aufl., Tübingen 1929.

- Kulturwissenschaft und Naturwissenschaft. Tübingen 1926.

Ritzel, W.: Philosophie und Pädagogik im 20. Jahrhundert. Darmstadt 1980.

Roth, F.: Das Gesetz der Sache als anthropologisches Prinzip der Pädagogik.

Eine Untersuchung über den Bildungsbegriff Theodor Litts. Frankfurt 1955.

Schaller, K., Ballauff, Th.: Pädagogik. Eine Geschichte der Bildung und Erziehung. Bd. III. 19./20. Jahrhundert. München 1973.

Schlemper, H.O.: Reflexion und Gestaltungswille - Bildungstheorie, Bildungskritik und Bildungspolitik im Werke von Theodor Litt. Ratingen 1964.

Schön, E.: Probleme der fanzösischen Kulturkunde in der höheren Schule. In: Neue Jahrbücher für Wissenschaft und Jugendbildung I (1925).

- Sinn und Form einer Kulturkunde im französischen Unterricht der höheren Schule. Leipzig 1925.

Schulz, W.: Zur Aktualität der Kulturphilosophie Th. Litts. In: Pädagogische Rundschau 2 (1982), S. 141-152.

- Die Bedeutung der Erziehungstheorie J. Cohns für die gegenwärtige Diskussion der Pädagogik. Unveröffentl. Ms. Tübingen 1982.

- Das Kulturverständnis in der frühen Pädagogik Eduard Sprangers und Theodor Litts. Ms. Tübingen 1983 (erscheint in einem Sammelband zur geisteswissenschaftlichen Pädagogik).

Simmel, G.: Die Probleme der Geschichtsphilosophie. Eine erkenntnistheoretische Studie. 3. Aufl. Leipzig 1907.

Vanselow, M.: Kulturpädagogik und Sozialpädagogik bei Kerschensteiner, Spranger und Litt. Berlin 1927.

Weber, E.: Ästhetik als pädagogische Grundwissenschaft. Leipzig 1907.

Wehle, G.: Führen oder Wachsenlassen. In: Nicolin, F., Wehle, G. (Hrsg.): Theodor Litt. Pädagogische Analysen zu seinem Werk. Bad Heilbrunn 1982, S. 50-65.

Zdarzil, H.: Zu Theodor Litts Lehre vom Menschen. In: Sinn und Geschichtlichkeit. Werk und Wirkungen Theodor Litts. Hrsg. v. Derbolav, J., Menze, C., Nicolin, F. Stuttgart 1980, S. 132-146.